John R. Saul

Der Markt frißt seine Kinder

Wider die Ökonomisierung der Gesellschaft

Aus dem Englischen
von Fritz R. Glunk

Campus Verlag
Frankfurt/New York

Die kanadische Originalausgabe *The Unconscious Civilization* erschien 1995 bei
House of Anansi Press Ltd. in Concord/Ontario.
Copyright © by John Ralston Saul and the Canadian Broadcasting Corporation

We acknowledge the support of the Canada Council for the Arts for our
publishing program.

THE CANADA COUNCIL | LE CONSEIL DES ARTS
FOR THE ARTS | DU CANADA
SINCE 1957 | DEPUIS 1957

Redaktion: Jutta Martini, Büdingen

Die Deutsche Bibliothek – CIP-Einheitsaufnahme

Saul, John R.:
Der Markt frißt seine Kinder: wider die Ökonomisierung der
Gesellschaft / John R. Saul. [Aus dem Engl. von Fritz R. Glunk]. –
Frankfurt/Main ; New York : Campus Verlag, 1997
Einheitssacht.: The Unconscious Civilization <dt.>
ISBN 3-593-35824-7

Copyright © 1997 Campus Verlag GmbH, Frankfurt/Main
Umschlaggestaltung: Guido Klütsch
Umschlagmotiv: G + J Fotoservice/Photonica
Satz: Satzstudio Zeil, Frankfurt/Main
Druck und Bindung: Friedrich Pustet, Regensburg
Gedruckt auf säurefreiem und chlorfrei gebleichtem Papier.
Printed in Germany

Inhalt

— I —

Der Große Sprung rückwärts

»Wer ist verachtenswerter als einer, der die Selbsterkenntnis verachtet?«[1]

Eine wahre Frage – eine Frage auf der Suche nach der Wahrheit, ohne die Erwartung, mehr zu finden als nur ein Stück davon – bleibt jahrhundertelang vor uns stehen, ernst und unnachgiebig. In diesem Fall warf Johannes von Salisbury 1159 das Thema der Selbsterkenntnis auf. Es wird sich zeigen, dass vieles, was ich auf den kommenden Seiten zu sagen habe, die Dringlichkeit seiner Frage verstärkt.

Er war beileibe nicht der Erste, der die Selbsterkenntnis zum Inbegriff des gelingenden Lebens erhob. Heute würden wir es eher Bewusstheit nennen, lebenswertes Leben, Individualismus, Menschlichkeit, eine humane Gesellschaft mündiger Bürger. Die Begriffe für das Wertvolle und Attraktive an dem Projekt »Menschen auf dieser Erde« bilden eine ziemlich lange Liste.

Johannes von Salisbury war auch nicht der Erste und noch weniger der Einzige, der sich mit jener Frage im 12. Jahrhundert beschäftigte. Im Gegenteil, es gab eine erstaunliche Anzahl Schriftsteller und Philosophen, verstreut über ganz Europa, viele von ihnen Mönche und Lehrer, und alle mit derselben Frage befasst: der Wiederentdeckung des Individuums.

Womöglich entdeckten sie schon, wozu sich der Individualist der westlichen Moderne entwickeln könnte, falls er — später auch sie — es nur wollte.

Aber niemand, weder damals noch je zuvor, verstand das Individuum als isoliertes Einzelstück, als wandelnden Knotenpunkt aller Egoismen. Das derzeit herrschende Individualismus-Konzept ist nichts weiter als die beschränkte, oberflächliche Schrumpfform eines größeren Entwurfs. Anders gesagt: Die Idee des Individualismus wurde kaltblütig gekapert und mit ihr zugleich die westliche Zivilisation, weil sie in ihr eine zentrale Rolle spielt.

In den nächsten Kapiteln werde ich vor allem diese Piraterie schildern. Am Ende ergibt sich das Porträt einer süchtigen, ideologie-abhängigen Gesellschaft, eine Zivilisation in den Klammerarmen einer alles beherrschenden Denkweise, die ich Korporatismus nenne. Der Korporatismus ist eine machtgierige Ideologie, die als Markenzeichen eine umfassende Rationalität beansprucht. Die Hinnahme dieser Ideologie hat es soweit gebracht, dass wir dem Individuum seine Rechte als demokratischer Bürger mehr und mehr untergraben, ja geradezu verweigern. Das Ergebnis ist ein eskalierendes Ungleichgewicht, eine Schieflage zwischen dem Kult unserer Privatinteressen und der Absage an das Gemeinwohl. Wir sind eigenwillig und nonkonformistisch in Nebensächlichkeiten, aber wenn es darauf ankommt: träge Konformisten.

Wenn man weiß, welch hohen Wert Johannes von Salisbury der Freundschaft und dem Gemeinwesen beimaß, kann man sich ohne weiteres vorstellen, dass er seine hartnäckige Frage auch an eine ganze Gesellschaft gerichtet hätte — speziell an unsere eigene, die doch so entschieden das Individuum als ihren Dreh- und Angelpunkt bezeichnet.

Was ist verachtenswerter als eine Zivilisation, die ihre Selbsterkenntnis verachtet?

Ich präzisiere, was ich damit meine. Allenthalben lehren Hochschulen, erklären Denkfabriken und wiederholen Verantwortungsträger bis zum Überdruss den Grundsatz, die Demokratie sei auf dem Mutterboden der Wirtschaft gewachsen, insbesondere durch ein Phänomen, das als industrielle Revolution bekannt ist. Weiterhin: Der Individualismus sei das Fundament der Demokratie, und auch der moderne Individualismus ein Kind der industriellen Revolution (einige nicht ganz so konsequent oberflächliche Vorbeter belassen dabei dem Protestantismus immerhin eine Nebenrolle, was die Sache kaum besser macht).

Solche Weisheiten werden seit 50 Jahren beharrlich überliefert. Sie sagen im Kern nichts anderes als dies: Das Wirtschaftsleben ist offenkundig das Herzblut unserer zweieinhalb Jahrtausende alten Kultur, und aus dieser Mitte strömt und quillt alles andere, früher, heute, immerdar. Wir müssen also das Haus unserer Gesellschaft immer wieder einreißen und umbauen, ganz wie der Markt, wie Handel und Wandel es befehlen. Tun wir es nicht, dann tut es der Markt, so oder so.

Das Dumme an dieser Theorie ist nur, dass die ersten Ansätze des modernen Individualismus und der heutigen Demokratie schon im antiken Athen zur Welt kamen, eine ganze Weile vor der industriellen Revolution. Beide reiften langsam heran, durch Höhen und Tiefen und kritische Phasen, bis sich ab dem 12. Jahrhundert ihr Wachstum beschleunigte. Beide, Individualismus und Demokratie, hatten ihre wesentlichen Kennzeichen lange vor den Schlüsselereignissen der jüngeren Wirtschaftsgeschichte ausgeformt. In Wahrheit haben jene Charakteristika die späteren wirtschaftlichen Entwicklungsschübe erst möglich gemacht – und nicht umgekehrt.

Ich werde die Einzelheiten all dessen im Folgenden behandeln, möchte hier aber eine allgemeine Bemerkung einschieben. Wirtschaftstheorie als normative Wissenschaft ist eigentlich ein unerhebliches Gebiet spekulativer Forschung. Und die Ökonometrie, also die rein statistische, ideenlose Schmalspur und Schwundstufe der Wirtschaftstheorie ist nichts Besseres als lustlose Kesselflickerei; jede Autoreparatur ist sinnvoller und vor allem vertrauenswürdiger. Nur ein Zweig dieser Wissenschaft kann eine gewisse Zuverlässigkeit vorweisen, die Wirtschaftsgeschichte, und gerade dieser Studiengang wird gegenwärtig in den meisten Universitäten zurückgeschnitten, nicht selten abgebaut. Der Grund dafür: Das Fach ist mit tatsächlichen Ereignissen befasst, ist also eine unerwünschte mahnende Erinnerung an die Wirklichkeit. In den letzten 25 Jahren hat sich die Wirtschaftstheorie zum Rang einer wissenschaftlichen Disziplin aufgeschwungen und legte 1969 dem Nobelpreis-Ausschuss sogar ihren eigenen »Preis für Ökonomische Wissenschaften« ins Nest, üppig dotiert von der Schwedischen Reichsbank. Gleichzeitig war die Theorie jedoch spektakulär erfolglos bei dem Versuch, ihre Thesen und Lehrmeinungen auf unsere Lebenswirklichkeit anzuwenden. Aber nicht deshalb, weil man die Ratschläge der Theoretiker nicht angenommen hätte. Sie wurden angenommen, in hoher Detailtreue und in tiefer Ehrfurcht. Sie gingen nur im Großen und Ganzen daneben.

Eine professionell betriebene Disziplin erfordert zweierlei: wirklichkeitsnahe Ausgangsgrößen und Fachleute, die auch Verantwortung übernehmen für die Folgen ihrer Behauptungen. Wenn Wirtschaftstheoretiker Ärzte wären, so steckten sie wegen ihrer Kunstfehler bis zum Hals in Prozessen. Es ist bezeichnend, dass man die Nachrangigkeit der Wirtschaft im Verhältnis zu Individualismus und Demokratie derart wortreich darlegen muss (und im Folgenden werden dazu noch konkrete Tatsachen angeführt). Die Tatsache ist bezeichnend für den alarmierenden Zustand einer Zivilisation ohne Bewusstsein. Uns ist anscheinend jede nützliche Rückbesinnung abhanden gekommen. Und selbst wenn wir uns einmal sorgfältig erinnern, dann hat dies wenig oder gar keine Auswirkung auf unser Handeln. In der öffentlichen Diskussion sieht es so aus, als wäre unser sehnlichster Wunsch die generelle Verbreitung einer Art Alzheimer-Syndrom. Im Westen betreibt ein Drittel, oft die Hälfte der Bevölkerung die Geschäfte staatlicher und privater Organisationen. Aber obwohl wir noch nie in unserer Geschichte eine zahlreichere, besser ausgebildete Elite dafür besaßen, obwohl wir genauer denn je Bescheid wissen über uns und unsere Welt, verleugnen wir tatkräftig Wert und Nutzen einer öffentlichen Selbsterkenntnis.

Alessandro Manzoni begann *Die Verlobten,* einen der großen Romane des 19. Jahrhunderts, mit dieser schonungslosen Beschreibung unserer Lage: »In betrachtung der Historia mag selbe in warheit wohl deffinieret werden als ein ruhmreicher krieg gegen die Zeit.«[2] Aber ein solcher Krieg ist nicht zu führen, wenn man die Wirklichkeit verleugnet. Wer sich nicht mehr erinnert, für den gibt es keine Wirklichkeit mehr. Wissen ist das instinktive Erkennen des Zusammenhangs zwischen dem, was wir wissen, und dem, was wir tun. Genau da liegt unser möglicherweise größtes Problem. Was wir tun, geschieht auf Grund einer winzig schmalen Bandbreite sehr spezialisierter Informationen, die eher auf dem irreführenden Konzept von Messbarkeit beruhen als auf der Kenntnis – das heißt dem Verständnis – des Gesamtzustands. Das Ergebnis ist denn auch danach: Während ein verständiger Mensch in seinem umsichtigen Vorgehen auch den Zweifel zulassen würde, umgeben sich unsere zahllosen, nur auf ihr Spezialgebiet beschränkten Technokratie-Eliten mit dem Panzer einer kindischen Selbstgewissheit. Was immer sie verkaufen, es ist die absolute Wahrheit. Warum ich diese Selbstsicherheit kindisch nenne? Ganz einfach deshalb (wie Cicero sagte): »Wer die Geschichte nicht kennt, ist dazu bestimmt, ein Kind zu bleiben.«

Es liegt beispielsweise kein allzu großer Charakterunterschied zwischen Robert McNamara einerseits, der hartnäckig überzeugt war, der Vietnamkrieg würde, sollte, müsste siegreich enden oder Unheil käme über uns (und immer hatte er zum Beweis die richtigen Zahlen parat), und auf der anderen Seite jenen Tausenden von Finanzexperten, die heute ebenso hartnäckig überzeugt sind, dass internationale Schulden zurückgezahlt werden, können und müssen oder es stürzt eine Katastrophe über uns herein (auch sie haben jedesmal ihre alles beweisenden Zahlen zur Hand).

Ich möchte gern eine kleine Demonstration dieses kindischen Zustands geben, in dem wir uns gerade so wohlig einrichten. Es herrscht das verbreitete Gefühl, dass sich unsere Zivilisation in einer langfristigen Krise befindet. Man kann sie unter politischen, sozialen oder wirtschaftlichen Aspekten betrachten. Aus jedem dieser Blickwinkel sieht die Krise anders aus. Ich behaupte einmal, ihre wirtschaftliche Ausprägung hat sich im Jahr 1973 ergeben, als eine Welle politischer Unruhen zur ersten Ölkrise führte. Seitdem sind wir in einer permanenten Rezession. Sie hat keine Ähnlichkeit mit der Weltwirtschaftskrise vom Typ 1929, aber eine Wirtschaftskrise ähnelt ohnehin keiner anderen. Unsere heutige Rezession wurde aufgefangen und ausgeglichen dank der sozialen Rettungsringe, die die Gesellschaft seit 1929 bereithält, um bei einer Wiederholung jenes Desasters Zeit für Gegenmaßnahmen zu gewinnen. 1973 hat das auch gut funktioniert. Aber durch unsere nun schon zwei Jahrzehnte andauernde Unfähigkeit, mit einer endlosen Kette aus Arbeitslosigkeit, Staatsdefizit, Geldentwertung und realem Null-Wachstum fertig zu werden, treiben wir immer weiter hinaus auf ein kaltes, wüstes Meer ohne Orientierungspunkte. Am Ufer stehen die Autoritäten, und ihre selbstsichere Lehre heißt: Werft die Rettungsringe weg!

Man kann das ein kindisches Verhalten nennen. Oder eine so abgründige Besinnungslosigkeit, dass sie zur Dummheit wird. Wie kommt es zu diesem selbstgewissen Auftreten? Nun, wer nur aus dem Inneren der öffentlichen und privaten Technokratie hinausschaut, dem bietet sich leicht ein Anblick relativer Ruhe. Er lebt in einem Gehäuse, dessen Dimensionen in dauerndem Wachstum begriffen sind, besonders in der privaten Wirtschaft, ganz besonders in der internationalen Privatwirtschaft. Diese Technokratie entwickelte ein Dogma, von dem unsere Gesellschaft heute beherrscht wird: »Managen« ist gleichbedeutend mit »Tun«, und »Tun« ist gleichbedeutend mit »Machen«. Das Fundament dieses Dogmas ist eine neue Wirtschaftsmythologie. Und die wiederum hat zur Voraussetzung solche ökonomischen Erscheinungen wie die blinde Verehrung des Dienstleistungssektors, die Legitimation finanzieller Spekulationen und die Heiligsprechung der neuen Kommunikationstechniken.

Aber ganz klar: »Managen« heißt weder »tun« noch »machen«. Adam Smith sagte es so: »Es gibt eine Art Arbeit, die den Wert des Gegenstandes, auf den sie verwandt wird, erhöht; und es gibt eine andere, die diese Wirkung nicht hat.« Die erste ist »produktive«, die zweite »unproduktive« Arbeit. Smith verweist das Management deutlich in den unproduktiven Bereich. »Auch die Arbeit einiger angesehener Berufsstände in einer Gesellschaft ist, wie die der Dienstboten, unproduktiv. Sie drückt sich nicht in einem dauerhaften Gegenstand oder verkäuflichen Gut aus, das auch nach abgeschlossener Arbeit fortbesteht und für das man später wieder gleiche Leistung erstehen könnte.«[3]

Natürlich ist Adam Smith auch Realist: »Aber kein Land verwendet den Jahresertrag ausschließlich für den Unterhalt der Erwerbstätigen. Müßiggänger verbrauchen überall einen großen Teil davon.«[4] Sein Argument geht dahin, dass die Arbeitenden die Vermögensreserve produzieren, aus der sich die Gesamtgesellschaft finanziert. Die Untätigen, nicht mit »produktiver Arbeit«[5] Befassten leben von den Arbeitenden. Zu den Untätigen gehören auch diejenigen, die es unfreiwillig sind – die Arbeitslosen. Von ihnen spricht Adam Smith jedoch nicht. Sie verursachen in seiner Gesellschaft keine großen Kosten.

Er bezieht sich vor allem auf die Führungsschichten seiner Epoche: Aristokratie, Hofleute, Bankiers, Besitzer von Grund und Boden (die von daraus erzielter »Rente« leben). Mit anderen Worten: Er spricht von unserer eigenen technokratischen Manager-Elite. Nun gut, es muss auch sie geben. Aber wieviel davon können die Arbeitenden tragen? Die vermutlich richtige Antwort muss lauten: 30 bis 50 Prozent – der gegenwärtige Anteil der Manager in unserer Gesellschaft – sind bei weitem zu viel; das betriebliche Management, Hand in Hand mit der Finanzwirtschaft und den Beratungsfirmen, alle drei extrem kostspielig und das mit steigender Tendenz, halten die Wirtschaft erheblich wirksamer in der Dauerrezession als jeder ausufernde Apparat staatlicher Leistungen.

Sicher ist mancher überrascht, dass ich Adam Smith zum Zeugen nehme, den Gott der Kräfte des Marktes für die neokonservativen Gläubigen. Aber ich werde später sogar noch seinen Freund David Hume zitieren, immerhin ein Halbgott derselben zeitgenössischen Rechten. Aus zwei Gründen. Erstens möchte ich zeigen, dass die heute herrschenden Ideologen ihre Thesen mit einer recht selektiven Auswahl aus Smith und Hume abstützen. Sie verfälschen die eher ausgewogene Botschaft von Hume und Smith zu einer gravierenden Schieflage. Und zweitens werde ich darlegen, dass die globale spätindustrielle Verwendung der beiden, die man uns jetzt allenthalben aufdrängt, in Wirklichkeit nichts damit zu tun hat, was sie in einer fast vorindustriellen und räumlich überschaubaren Situation geschrieben haben.

Mancher stellt auch verwundert fest, dass jene Management-Elite weiterhin wächst, blüht und gedeiht, während die Gesellschaft als Ganzes in ihrer langfristigen Wirtschaftskrise festsitzt. Zu solcher Verwunderung ist kein Anlass. Die Reaktion einer blasierten Elite auf den Vorhalt ihrer eigenen Führungsfehler in der Gesellschaft ist typischerweise immer dieselbe. Sie ziehen zwischen sich und der Wirklichkeit eine Mauer hoch und verschaffen sich dahinter ein künstliches Wohlgefühl. In Frankreich waren die Aristokratie, der Landadel und die Führungskräfte der Wirtschaft nie so sehr mit sich zufrieden wie in den letzten Jahrzehnten vor ihrem Untergang in der Revolution. Die Elite im untergehenden spätrömischen Reich schwoll ins Unermessliche an, durchdrungen vom Hochgefühl ihrer Bedeutsamkeit, während ein Kaiser nach dem anderen ermordet wurde und Provinz nach Provinz verloren ging. Ebenso im Falle des zaristischen Russland: Sowohl die traditionelle Führungsschicht als auch die neue, schnell heranwachsende Wirtschafts-Elite verbrachte die letzten 20 Jahre vor dem Ersten Weltkrieg in einem Zustand sprudelnder Lebenslust.

Das verblendete Sicherheitsgefühl in solcher Abgeschlossenheit kommt nicht zuletzt durch einen Trick zustande: Gerade die Überdimensioniertheit und der hohe Wohlstand der Führungsschicht erlauben es ihr nämlich, ein Retortenbild der ganzen Gesellschaft zu verinnerlichen. Auch unsere Führungsschicht nimmt nur das ernst, was aus den Hunderten, besser: Tausenden ihrer eigenen spezialisierten Abteilungen herkommt. Am Ende dreht sich alles nur noch um interne Selbstbezüge. Alles ist peinlich genau gezählt und gemessen, wie der »body count« im Vietnamkrieg, und die Zahlen produzieren laufend herzerfrischende Erfolgsnachrichten über eine wachsende Wirtschaft, neue Arbeitsplätze oder was auch immer.

Vor einiger Zeit unterhielt ich mich mit dem stellvertretenden Finanzminister eines Industrielandes. Er gab offen zu, dass viele Menschen draußen – er meinte damit: außerhalb der Führungselite – überzeugt sind, wir hätten uns in eine unkontrollierbare, alles ergreifende Krisensituation verstrickt. Und viele gäben die Schuld daran den internationalen Finanzmärkten. Die nämlich seien durch ihre irrwitzige Ausdehnung entartet zu einer sinn- und zwecklosen Masse von Spekulationen mit immer abstrakteren Papieren, die nichts mehr mit wirklicher Produktion zu tun hätten, also mit dem, was Adam Smith »produktive Arbeit« nannte. Das Problem liege aber darin, sagte der stellvertretende Minister, dass alle diese Finanzmärkte innerhalb des Systems durchaus ihren Wert hätten. Sie alle seien demnach nützlich. Nicht nur ein Spiel mit Transaktionen. Er war allerdings unfähig, dieses Finanzsystem mit einer umfassenden Vorstellung von Gesellschaft oder Wirtschaft zu verknüpfen.

Ach ja, er sagte auch noch, er selbst stamme aus einer armen Familie, und er habe es schließlich zu etwas gebracht, genau wie seine Geschwister. Er konnte daher nicht ohne weiteres daran glauben, dass da irgendwo eine Krise sei, außer vielleicht an den Rändern der Gesellschaft. Dass der Erfolg seiner Familie möglicherweise mit jenen Rettungsringen aus den Jahren nach 1929 zusammenhing (die er und seinesgleichen jetzt emsig abschaffen) oder dass andere Menschen, die nicht so viel Glück hatten wie er und seine Familie, immer noch Hilfe brauchen, um nicht unterzugehen – so etwas lag jenseits seines verinnerlichten Kinderbilds von Gesellschaft. Die statistischen Tatsachen unserer Krise, jedem von uns ebenso zugänglich wie diesem stellvertretenden Minister, sind eindeutig und gnadenlos. Und doch rauschen sie in der Zeitung, im Fernsehen, im Gespräch an uns vorüber, als hätten sie keine Wirklichkeit. Genauer: als wären wir unfähig, unserem Wissen entsprechend zu handeln.

Ich könnte eine ganze Litanei solcher Fehlleistungen herunterbeten, möchte hier aber nur einige erwähnen, um die offenkundige Vernachlässigung der Wirklichkeit zu zeigen. Fangen wir mit etwas Einfachem an: Mord. Wer kriegerische Ereignisse in der Welt verfolgte, konnte zusehen, wie eine Handvoll lokaler Auseinandersetzungen in den frühen 60er Jahren zu etwa 50 bewaffneten Konflikten in aller Welt heute eskalierte. Alle werden gleichzeitig ausgefochten, und oft sind es regelrechte Kriege. Es ist heute unbestritten, dass dabei ungefähr 1.000 Soldaten und 5.000 Zivilisten täglich, Tag für Tag sterben, was aufs Jahr gerechnet etwa zwei Millionen Tote ergibt oder 75 Millionen Tote in den letzten 35 Jahren. Der konservative englische Kriegshistoriker John Keegan schätzte die Zahl der Menschen, die in der Friedensperiode seit 1945 in einem Krieg getötet wurden auf 50 Millionen.[6]

So oder so, diese Zahl ist ein Rekord. Daneben ist der Zweite Weltkrieg eine harmlose Episode der Weltgeschichte. Die Pest, der »schwarze Tod«, ein schlechter Scherz. Normalerweise werden diese Millionen Toten fallen gelassen oder von jedem ernsthaften Aktionsplan gestrichen mit der abwertenden Bemerkung, die fraglichen Kriege fänden ja vor allem in der Dritten Welt statt. Was immer der Einzelne von so einer ausgrenzenden Bewertung hält: Seit dem Ende des Kalten Krieges stimmt sie immer weniger.

Dazu kommt noch etwas anderes. Die Verantwortung für dieses Übermaß an Gewalt trägt der internationale Waffenhandel, die größte internationale Warenbörse unserer Tage. In seiner modernen Form entwickelten die USA und Frankreich, schließlich auch England, den Markt in den frühen 60er Jahren. Bald machten auch alle anderen mit. Erst der Westen, dann die Entwicklungsländer. Und als der Kalte Krieg zu Ende war, löste sich die versprochene Friedensdividende in Luft auf. Der Waffenhandel ging in mehr oder weniger gleichem Umfang weiter. Heute begünstigt der dem Parteibuch nach progressive Präsident der USA offiziell eine neue Kampagne zur Steigerung des Waffenexports, eine präzise handelspolitische Offensive. Wir wissen das alles. Aber dieses Wissen ruft in unserer Bewusstlosigkeit keine Wirkung hervor.

Als nächstes diese bemerkenswerten Zahlen aus der Dritten Welt: 200 Millionen Kinder im Alter von vier bis 14 Jahren sind Arbeitnehmer. Die Lebenserwartung in Zentralafrika liegt bei 43 Jahren und sinkt weiter. Ein Drittel aller Kinder dieser Welt sind unterernährt. 30 Prozent der Arbeitsfähigen sind ohne Arbeit. Die Schuldenlast der Entwicklungsländer hat sich nicht vermindert. Sie beträgt jetzt 1.500 Milliarden Dollar.

Solche Zahlen verwirren uns, machen uns unempfindlich und teilnahmslos. Auch das ist ein Wissen ohne Wirkung. Sollen wir uns einem Paradefall großartiger Hoffnungen zuwenden? Mexiko. Die Führungseliten Kanadas und der USA beschwichtigten zuerst die eigene Bevölkerung mit hohen Versprechungen. So abgesichert, trieben sie Mexiko in ein Wirtschaftsabkommen samt stetigem Abbau aller Handelsschranken. Mexiko, sagte man uns, ein Land mit einer entwickelten Demokratie, habe dank eines reformfreudigen Freihandels-Präsidenten seine schlechten Gewohnheiten fallen gelassen und sei jetzt fähig, mit uns in einen gleichberechtigten Wettbewerb zu treten.

Kaum zwei Jahre später steht derselbe Präsident unter dem Verdacht, in die Ermordung seines designierten Nachfolgers verwickelt zu sein. Im Süden des Landes, wo 80 Prozent der Bevölkerung weniger als sieben Dollar pro Tag verdienen, ist ein Bürgerkrieg ausgebrochen. Von der Regierung veranlasste Folterungen, noch vor zwei Jahren von unseren Eliten routinemäßig abgestritten, werden heute ebenso routiniert zugegeben. Durch das Abkommen flossen dem Staat 21 Milliarden Dollar zu; die stärkten jedoch nicht seine Leistungsfähigkeit, sondern führten zu einem massiven Zusammenbruch der Wirtschaft. Die gute Nachricht: Dort gibt es jetzt 30 Milliardäre mehr als vorher, alles Freunde des Präsidenten oder der Regierungspartei. Wer aber nicht zu diesen 30 oder ihren Freunden gehört, musste sich (zwischen 1980 und 1994) eine Reallohnminderung von 52 Prozent gefallen lassen. Schon vor dem Kollaps von 1995 lebte bereits ein Drittel aller mexikanischen Familien in tiefster Armut. Danach sind all diese Zahlen nur noch trister geworden. Die Falschinformation unserer Führungseliten über die Lage Mexikos ist heute allgemein bekannt; das hat aber keinerlei Auswirkungen auf die tatsächliche Handelspolitik in den USA oder in Kanada. Wir machen so weiter, als wäre das Wunschbild von vor zwei Jahren die reine Wahrheit gewesen. Wie zeigt sich nun aber die Krise in den westlichen Industrienationen?

Der Organisation für wirtschaftliche Zusammenarbeit und Entwicklung (OECD) zufolge beträgt die offizielle Arbeitslosenzahl 35 Millionen; das sind etwa zehn Prozent. Sie hat sich in den letzten zehn Jahren kaum nach unten bewegt. Auch dies ist für jede Gesellschaft ein nicht mehr finanzierbares Maß an Ausgrenzung. Anders gesagt: Keine Gesellschaft kann sich über einen langen Zeitraum hinweg den Produktivitätsverlust von zehn Prozent ihrer arbeitsfähigen Bevölkerung leisten. Sie kann es sich auch nicht leisten, diesen untätigen zehn Prozent und ihren Familien über einen langen Zeitraum hinweg das tägliche Leben zu finanzieren. Dabei ist die Zahl von zehn Prozent, wenn man die wahre Arbeitslosigkeit daneben hält, eher zu niedrig gegriffen. In den letzten zwei Jahrzehnten wurde der Begriff »arbeitslos« immer wieder neu definiert, 15- bis 20mal in den meisten Ländern des Westens (wegen der feineren statistischen Erfassung, versteht sich), um bestimmte Arbeitslosen-Kategorien verschwinden zu lassen oder neue zu schaffen. Der Zweck der Veranstaltung war eine möglichst niedrige offizielle Statistik. In Wirklichkeit beträgt die Zahl der Arbeitslosen statt der offiziellen 35 vermutlich über 50 Millionen.

Eine Regierung nach der anderen, von der Linken bis zur Rechten, wird mit einem Arbeitsbeschaffungsprogramm ins Amt gewählt. Und doch ist es eine Tatsache, dass keine weiß, was sie tun soll. Warum? Weil der Arbeitsplatz einer der letzten Schritte im Produktionsvorgang ist. Wer Arbeitsplätze will, braucht zuerst Forschung und Entwicklung, er muss planen, etwas riskieren, Gebäude errichten, Absatzgebiete erschließen und anfangen zu verkaufen. Das Ergebnis von alldem sind möglicherweise Arbeitsplätze. Wer annimmt, dass allein die Kräfte des Marktes das alles in Gang bringen (wie uns die überlieferte Weisheit heute versichert), der sollte besser überhaupt keine neuen Jobs versprechen, weil er nämlich jede Verantwortung für die komplizierte Schaffung neuer Arbeitsplätze abgegeben hat. Der Markt von heute vernichtet Arbeitsplätze.

Aber unsere Krise dreht sich ja nicht nur um mangelnde Arbeit. Der mächtigste Präsident der freien Welt hat 1,5 Millionen Menschen im Gefängnis, 373 auf 100.000 Einwohner. Mehr als doppelt so viele wie vor 15 Jahren. Ein Prozentsatz, den nur Russland übertrifft. Man kann es noch krasser sagen: 5,1 Millionen Amerikaner sind entweder in Haft oder unter gerichtlicher Aufsicht. Dreimal so viele wie 1980. 75 Millionen Amerikaner verdienen heute weniger als im Jahr 1966. 18 Prozent leben unter der Armutsgrenze. Der Abstand zwischen hohen und niedrigen Einkommen hat sich zwischen 1929 und 1969 kontinuierlich verringert. Seitdem vergrößert er sich wieder, ebenso kontinuierlich. Und nicht nur in den USA. In den meisten Ländern. In Großbritannien ist der Abstand zwischen dem höchsten und dem niedrigsten männlichen Arbeitslohn der größte seit 1880 (damals begann man mit dieser Statistik). Edward Luttwak, ein konservativer Historiker in den USA, sieht voraus, dass bei einer Fortsetzung dieses Trends die Vereinigten Staaten im Jahr 2020 zu einem Land der Dritten Welt geworden sind.[7] Nun gut, Vorhersagen sind so eine Sache. Aber Luttwak versucht immerhin, das Ausmaß der Krise vor Augen zu führen. Er gibt wenigstens zu, dass wir eine Krise haben.

Die genannten Zahlen und Hunderte anderer, aus dem gleichen Land oder den übrigen westlichen Staaten, sind wohlbekannt. Die Auswirkungen auf die tatsächliche Politik sind jedoch nicht der Rede wert. Zum Teil liegt das daran, dass unsere Elite vorrangig und zunehmend aus Managern besteht. Eine Manager-Elite managt. Eine Krise, leider, verlangt Denken. Denken ist keine Managementaufgabe. Da unsere Manager-Eliten so umfangreich geworden sind und ihren Einfluss auch im Erziehungssystem ausüben, bringen wir genaugenommen den meisten Menschen das Nicht-Denken bei. Nicht nur verweigern wir dem Denken jede Belohnung, wir bestrafen es auch noch als unprofessionell. Dieses Verfahren soll nutzensteigernd wirken (eine sehr beschränkte Form des Nutzens) und hat sich bereits im heutigen Schulbetrieb breit gemacht. Der Unterricht in nur kurzzeitig gültigen Management- und Technikfertigkeiten drängt die Fundamente des Lernens an den Rand.

Es gibt noch einen weiteren Grund für die Wirkungslosigkeit jenes Wissens: Das Einkommen der Eliten ist in der Oberschicht dauernd gestiegen und in der Mittelschicht nicht gesunken.

Adam Smith wusste es schon: »Die Autorität der Reichen ... ist vielleicht am größten im frühen Rohzustand der Gesellschaft, der beträchtliche Vermögensungleichheiten zulässt.«[8] Mit dem Wort »roh« meint Smith »primitiv, barbarisch« – Ausdrücke, mit denen sich Technokraten, Experten, Manager und die Professoren der London School of Economics eher selten charakterisieren (aber sonst suchen sie vergnüglich Zuflucht bei Adam Smith). Der Rohzustand ist wahrhaftig kein hohes Niveau für eine Zivilisation. Aber was ist wohl primitiver als ein menschliches Wesen, das sich auf ein schmales Wissensgebiet beschränkt und darüber hinaus lediglich die Naivität eines Kindes besitzt? Und das ist nur ein erstes Anzeichen des klinisch bedenklichen Zustands unserer Bewusstlosigkeit.

Ein damit verwandtes Symptom ist die wachsende Verbreitung von Wunschbildern, speziell und immer öfter unsere wirklichkeitsfremden Selbstbeschreibungen. Ich nenne als Beispiel nur die Zunahme der »Neo«-Bewegungen in den letzten Jahren. Menschen, die etwas sein wollen und es zugleich nicht sein wollen. Die Neo-Faschisten in Italien behaupten, sie seien keine Faschisten, und doch waren 90 Prozent von ihnen Mitglieder der alten Faschistenpartei. Ich war dabei, als ihr Führer Gianfranco Fini vor Bankiers, Diplomaten und Politikern in London eine Rede hielt. Er weigerte sich, Mussolini zu verurteilen. Sein Programm war einfach eine modernisierte Fassung des Mussolini-Programms, eingekleidet in Manager-Jargon und vorgetragen von einem, der sich in Sprachstil und Kleidung als Technokrat zu erkennen gab. Er sagte: »Italien ist von einer Ära, in der man nichts von Politikern wusste, übergegangen in eine andere, wo sie nackt fotografiert werden, als ob sie Schauspieler wären. Das ist ein weiteres Zeichen dafür, dass Italien sich verändert hat.«[9] Bei Licht besehen ist das Unsinn. Mussolini wurde unablässig so fotografiert, als wäre er ein Schauspieler. Und hinter seiner flammenden Rhetorik war auch er besessen vom modernen korporatistischen Management. Fini tanzt öffentlich Rock 'n' Roll, genau wie Mussolini stolz darauf war, in der Öffentlichkeit nach den neuesten Schlagern zu tanzen. Damals war so etwas eine Innovation im politischen Stil. Aber Finis Selbsttäuschung macht es ihm möglich, aus dem Schatten des Faschismus herauszutreten und erheblichen öffentlichen Einfluss zu gewinnen, ohne dabei das traditionelle Programm seiner Partei aufzugeben.

Die Neo-Korporatisten stehen vor derselben Aufgabe und haben damit noch größeren Erfolg. Die korporatistische Bewegung entstand im 19. Jahrhundert als Gegenentwurf zur Demokratie. Ihr Kernpunkt war der Vorrang der Gruppe gegenüber dem Individuum und dem Bürger.

Die erste und fast natürliche Erscheinungsform dieses neuartigen Regierungsstils tauchte allerdings schon vor zwei Jahrhunderten mit Napoleon Bonaparte auf. Er hat nicht nur den Heros als politischen Führer entdeckt. Er erfand außerdem den Helden-Führer als Vertreter von Experten- und Interessengruppen. Demokratie und individuelle Bürgerbeteiligung wurden ersetzt durch eine unmittelbare, gefühlsbetonte Beziehung zwischen dem heroischen Führer und dem Volk. Die neuen Experten, die Eliten der Bürokratie und der Wirtschaft, konnten dahinter ungestört alles andere organisieren.

Hegel war mit seinen schon 1821 erschienenen *Grundlinien der Philosophie des Rechts* einer der Ersten, die dieses Verfahren begrifflich fassten. Es war die Zeit der romantischen Wiederbelebung der mittelalterlichen Gilden oder Zünfte, die man als »natürliches Bindeglied« zwischen einer Gesellschaft von Bürgern und dem Staat betrachtete.

In dieser Frühform des Korporatismus entwickelte sich die einzige ernsthafte Alternative zur Demokratie. Sie wurde zunehmend von den katholischen Eliten Europas empfohlen. Sie waren bereit, die industrielle Revolution hinzunehmen, solange es statt individueller Bürger lediglich Mitglieder einer Körperschaft gab. Insofern der Individualismus im Sinne einer politischen Teilnahme noch weiterexistierte, war er den Beschränkungen der Gruppenzugehörigkeit unterworfen. Viele dieser Körperschaften waren von Vorteil, wenn nicht eine Wohltat. Gewerkschaften. Unternehmerverbände. Berufsgenossenschaften. Alle diese Gruppierungen sollten nicht in Gegnerschaft zueinander treten, sondern durch ununterbrochene Verhandlungen miteinander als friedliche, konfliktvermeidende Organisationen arbeiten. Bestimmte Teile dieses Systems übernahm Bismarck für das neue Deutschland von 1871. Aber in Glanz und Glorie, sozusagen, kam der Korporatismus erst ein halbes Jahrhundert später mit Mussolini und einigen anderen Diktatoren wie Salazar in Portugal.

Mit so unerfreulichen Tyrannen vermengt zu werden, ist das Letzte, was sich der Neo-Korporatist von heute wünschen kann. Denn die meisten, die für dieses Gesellschaftssystem die Trommel schlagen, sind wohlbestallte Universitätsprofessoren: Soziologen, Politik- und Wirtschaftswissenschaftler, überall in der westlichen Welt. Was sie propagieren (von der nackten Gewalt der vorhergehenden Generation einmal abgesehen), ist jedoch im Grunde identisch mit dem früheren Gedankenmodell. Sie propagieren eine radikale Verlagerung der Vollmachten vom einzelnen Menschen auf die Gruppe. Sie drücken es natürlich nicht ganz so aus. Sie geben sich bescheidener und sprechen von der reibungsloseren Effizienz in den Beziehungen konkurrierender Interessengruppen. Die tatsächliche Wirkung geht jedoch weit tiefer.

Ich bin überzeugt, dass wir in den Gesellschaften des Westens dieser Verschiebung von Rechten und Befugnissen schon sehr nahe gekommen sind. Die wirkliche Macht besitzt heute der Neo-Korporatismus, der in Wahrheit nichts anderes ist als der sattsam bekannte Korporatismus der Vergangenheit. Die Neo-Konservativen, mit den Neo-Korporatisten eng verbunden, treten anders auf. Sie beanspruchen, konservativ zu sein, während ihre Forderungen gleichzeitig alles Konservative zurückweisen. Sie behaupten, ein alternatives Gesellschaftsmodell anzubieten, während sie doch kaum etwas anderes sind als die Höflinge der korporatistischen Bewegung. Ihre Propaganda lebt von der typischen Verbitterung von Hofschranzen, die unter den Tischen der wirklichen Macht nach Brotkrumen jagen, aber nie einen richtigen Stuhl an der gedeckten Tafel erhalten.

Neo-Faschisten und Neo-Korporatisten möchten am liebsten, dass man ihr Programm vergisst, während sie nach der Macht greifen. Besonders die Neo-Konservativen sähen sich gern akzeptiert als eine Bewegung von beträchtlichem historischen Gewicht, während sie auf relativ kurzfristige, eigennützige und schmutzige Ziele hinarbeiten.

Was ich bis hierher sagte, dreht sich alles um eine offenkundige Unfähigkeit zur Beschäftigung mit Realitäten. Ich könnte auch sagen, wir leiden an einer Angst vor der Wirklichkeit. Wer ist »wir«? Offen gesagt: Zwischen den Menschen nnerhalb der Eliten und den anderen außerhalb gibt es kaum einen Unterschied dieses psychischen Zustands. Sowohl durch Taten wie durch Unterlassungen, gerade in den letzten 25 Jahren, zeigen wir alle uns damit einverstanden, die Wirklichkeit zu verleugnen.

Die Frage ist: Woher kommt diese Angst? Sie ist ja nicht bloß ein verworrener Hang zu Träumereien. Wir leiden vielmehr an einer suchtartigen Anfälligkeit für große Illusionen. Einer Anfälligkeit für Ideologie. Die Macht wird in unserer Gesellschaft immer wieder mit wechselnden allumfassenden Wahrheiten und Utopien verbunden. Während der Dauer einer solchen Besessenheit sind wir nicht fähig, unsere Haltung entweder als Flucht vor der Wirklichkeit oder als Übernahme einer Ideologie zu durchschauen. Der unerschütterliche Glaube, wir seien auf dem richtigen Weg zur Wahrheit und zur Lösung unserer Probleme, hindert uns daran, diese Besessenheit als Ideologie zu entlarven.

Die Geschichte unseres Jahrhunderts und nicht zuletzt seine beispiellose Gewalttätigkeit legen die Befürchtung nahe, dass unsere Sucht schlimmer wird. Im Laufschritt rauschten wir durch die Wahnidee eines Weltreichs, aufgebaut auf der naturgemäßen Überlegenheit der einen oder anderen Nation oder Rasse von Reichsgründern, dann weiter durch den Marxismus und den Faschismus, und augenblicklich fasziniert uns ein neuer allmächtiger Uhrmacher-Gott: der Markt, und die Technologie ist sein Prophet. Der Handel ist jetzt die Wunderdroge des Marktes für all unsere Leiden. Und die Globalisierung der Garten Eden und ein Paradies, in das die Guten am Jüngsten Tag aufgenommen werden. Wie immer bei Ideologien ist dieser Tag der Abrechnung grauenvoll. Und er steht unmittelbar bevor. Ich glaube, dass Marxismus, Faschismus und Marktideologie einander sehr ähnlich sind. Alle drei hängen am Korporatismus, am Management und zudem an der Technologie, an ihrem speziellen Goldenen Kalb.

Unterhalb dieser ideologischen Groß-Ekstasen haben wir gelitten und leiden immer noch unter wechselnden Moden: Nationalisierung, Privatisierung, Schuldenaufnahme, dann wieder die Verteufelung von Schulden und das Abwürgen der Inflation.

Mode ist jedoch nur die niedrigste Form der Ideologie. Jeans zu tragen oder nicht zu tragen, an einem bestimmten Strand Urlaub zu machen oder nicht, verhilft uns entweder zu gesellschaftlichem Ansehen oder bringt soziale Ächtung über uns. Ein paar Monate oder Jahre später schauen wir zurück, und der unstillbare Drang und die Angst, lächerlich zu werden, scheinen uns ein bisschen verrückt. Da sind wir zweifellos schon wieder Gefangene einer neuen Mode. Aber die pauschale, unbezweifelte Übernahme einer politischen Idee ist etwas anderes als Jeans tragen und Urlaub machen. Jede dieser Ideologien stört und zerstört oft viele Menschenleben. Jede bringt auch all die zu Vermögen, die geduldig darauf warten, von der Leichtgläubigkeit der Menschen zu leben. Jede zwingt mit gebieterischem Konformitätsdruck die Menschen zum öffentlichen Mitmachen, oder sie werden auf dem Schafott der Lächerlichkeit geopfert. In einer Gesellschaft von Ideologie-Gläubigen gibt es nichts Lächerlicheres als den Einzelnen, der zweifelt und nicht mitmacht. Man denke nur an die Binsenwahrheiten von heute: Schulden muss man bezahlen! Globalisierung ist gut! Kein Politiker, welcher Couleur auch immer, würde es wagen, dem zu widersprechen. Es wäre sein öffentlicher Selbstmord. Im Endergebnis strampeln sich auch Menschen wie Tony Blair, der britische Premier und Führer der Labour-Partei, mit Händen und Füßen für den Gleichschritt ab. Die Londoner *Financial Times* ließ er wissen: »Der entscheidende Kontext der Wirtschaftspolitik ist der globalisierte Markt. Das bürdet der Makroökonomie gewaltige Einschränkungen praktischer Art auf, ganz abgesehen von prinzipiellen Überlegungen.«[10]

Die beiden Sätze kommen womöglich bekannt vor. Zu Recht. So ähnlich haben es Hunderte von Prominenten, von der Rechten bis zur Linken, auch schon gesagt.

Die Globalisierung und die von ihr auferlegten Beschränkungen sind die modischsten Klein-Ideologien der Gegenwart. Tony Blairs Einlassung bedeutet eigentlich zweierlei; erstens: »Ich gehe mit der Mode, ihr könnt mich also ruhig wählen!« und zweitens: »Keine Angst, die Ideologie kümmert sich um alles; ich kann sowieso nicht viel tun.«

Wenn man mich fragt: Keiner der beiden Sätze ist auch nur im Geringsten stichhaltig. Sie sind eine Untätigkeitserklärung vor dem Unvermeidlichen – das heißt, vor dem angeblich Unvermeidlichen. Sie sind der übliche Reflex auf eine Ideologie. Und Untätigkeit ist die wohl deprimierendste Folge einer Ideologie. Der einzelne Bürger wird damit zum Untergebenen oder gar zum Leibeigenen herabgestuft.

Groß-Ideologien verströmen eine gewisse furchterregende Würde. Mit einem einzigen Federstrich der Theorie lässt sich ein ganzer Planet zurechtweisen. Erschreckend. Nur ein ungewöhnlich mutiger oder einfältiger Mensch versinkt nicht in Tatenlosigkeit vor einem solche Ehrfurcht einflößenden Schicksal.

Die Klein-Ideologien sind demgegenüber fast immer eigennützig und knauserig im wahrsten Sinn des Wortes. Sie stellen zwei Dinge zur Wahl – nie mehr als das. Und die zwei sind in Wahrheit sogar ein und dasselbe. Entweder du akzeptierst die Ideologie oder du gehst unter. Du zahlst deine Schulden oder du gehst bankrott. Verstaatlichen oder verhungern. Privatisieren oder langsam sterben. Wir bekämpfen die Inflation oder wir verlieren unser ganzes Geld. An dieser »Entweder-oder«-Krankheit leiden wir schon eine ganze Weile. Die Scholastik auf ihrem Tiefpunkt im Mittelalter drückte unsere letzte Alternative ganz einfach so aus: Ordnung oder Chaos. Entweder du tust, was man dir sagt, oder du fällst in ein schwarzes Loch. In unseren Tagen ist das schwarze Loch kein Höllenpfuhl mehr, auch keine Frage des Kirchengehorsams. Aber man wird bemerkt haben, dass das alternative Argument seine religiöse Struktur behält und die apathische Hinnahme ein Ausweis des wahren Glaubens bleibt.

Ich behandle hier Ideologien und Utopien, als bedeuteten sie dasselbe. Aber gibt es denn keinen Unterschied zwischen ihnen? Nicht wirklich. Utopie ist vielleicht ein eher literarischer Begriff. Aber er drückt die wahre Absicht des Ideologen aus. Freilich: Jeder Ideologe würde sich beim Eingeständnis eines utopischen Ideals zu Tode genieren. Denn das hieße ja, von einer Hoffnung zu sprechen, wohingegen er doch die Wahrheit verkündet. Dass er sich selbst nicht als Ideologen ansieht, ist selbstverständlich.

Woher kommt nur unser verzweifelter Hang zu glauben,

dass die Lösung eines einzelnen Problems alle Probleme lösen wird? Oder dass mit einer beliebigen, aber absolut gesetzten Form gesellschaftlicher Ordnung »das Ende der Geschichte« erreicht sein soll? »Das Bedürfnis zu fabulieren«, sagte der französische Romancier Romain Gary, »ist ein Kind, das sich weigert, groß zu werden.«[11]

Unser Verlangen nach Phantastereien hat aber ebensowenig den Charme kindlicher Unschuld wie etwa Professor Fukuyamas Erklärung, seine Seite hätte gewonnen und die Welt sei damit am »Ende der Geschichte« angekommen. Das verbreitet vielmehr den unangenehmen Ruch einer Selbstbestätigungspropaganda. Bei jedem von uns ist so fabulierende Phantastik ein Hinweis auf Angst vor der Wirklichkeit. Eine Anfälligkeit für Ideologien. Ein Bedürfnis nach dem Glauben an das schlagartige Allheilmittel. Eine Vorliebe für die Unduldsamkeit der Konformität in den öffentlichen Angelegenheiten. Und all dies verwandelt sich im Angesicht der Krise zu kraftloser Untätigkeit.

Vor allem macht es deutlich, dass wir unsere eigenen Schwächen kaum noch wahrnehmen. Ich könnte es auch so sagen: Wenn wir unfähig werden, die Wirklichkeit zu sehen, also unfähig, auf Grund dessen zu handeln, was wir sehen, dann sind wir nicht bloß kindisch, sondern haben uns selbst zur Witzfigur geschrumpft – ein nur noch lachhaftes Opfer unserer eigenen Ohnmacht. Der bewusste Mensch hält dagegen ein feines Empfinden für seine eigene Lächerlichkeit aufrecht.

Unglücklicherweise scheint dieses innewohnende Gefühl für das Lächerliche gewissen Pegelschwankungen unterworfen zu sein und in der politischen Arena gar auf einen gefährlichen Tiefpunkt zu sinken. Je schwächer es wird, umso eher neigen wir dazu, in einen krankhaften, unbewussten Zustand der Selbstverachtung abzugleiten. Schlimmer noch, wir fördern diese Geringschätzung bei unseren Eliten. Wir ermutigen sie, uns – die mündigen Staatsbürger – mit Verachtung anzusehen und sich selbst ebenso.

Wenn wir uns selbst nicht mehr sehen können, dann können wir auch nicht als Menschen handeln. Das kaum überraschende Ergebnis ist ein Verlust an Selbstachtung.

Diese negative Selbsteinschätzung ist der Schlüssel zu unserer Schwäche für Ideologien. Die die »Wahrheit« besitzen, sind logisch immer eine kleine Minderheit. Sie sind die Auserwählten. Ihr Bestreben ist nicht, uns, die anderen, von ihrer Wahrheit zu überzeugen. Das wäre ja eine demokratische Angelegenheit, eine Diskussion mit allen dazugehörigen Kompromissen. Nein: Es genügt, dass sie die Wahrheit haben. Das Bestreben des Ideologen ist daher, mit heimlichen Machenschaften, mit Tricks und Gewalt die Mehrheit zur Annahme seiner Wahrheit zu bringen. Wer Menschen manipuliert, hereinlegt oder gewaltsam zu etwas zwingt, der verachtet sie. Und wenn diese, immerhin die Mehrheit, die Bauernfängerei zulassen, dann verachten sie sich selbst.

Die neuzeitliche Version dieses Vorgangs war erstmals während der Reformation zu sehen, und zwar auf beiden Seiten des Religionsstreits. Die Protestanten hatten die göttlich prädestinierte Gnadenwahl und damit für sich selbst eine passive Existenzform angenommen. Es war zwar wichtig, das Wort Gottes zu verbreiten, aber gute Werke brachten einen nicht weiter. Gott hatte längst diejenigen auserwählt, die er zu retten gedachte.

So musste jeder nur auf seinen Tod warten, um seine letzte Bestimmung herauszufinden. Wenn jetzt aber eine kleine Gruppe irgendwie zu der Überzeugung kam, sie könne Gottes Gedanken lesen und sei wahrhaftig selbst die Schar der wenigen Auserwählten – ja dann warf sie alle Passivität von sich und trieb die zur Verdammung bestimmte Mehrheit vor sich her. Jedes Mittel, alles war den Auserwählten erlaubt; sie allein besaßen ja die Wahrheit.

Nicht anders dachten Ignatius von Loyola und seine Jesuiten, die sich der protestantischen Methoden bedienten und damit dem Katholizismus ein starkes, wohlüberlegtes Gerüst einzogen. Ihre Absicht war, der Gegenreformation eine geeignete Statur und Bewaffnung zu liefern. Hier liegt die Entstehung der modernen Ideologie und des Absolutismus.

Die Jakobiner der Französischen Revolution, die Bolschewisten, die Faschisten und nun die Prediger des freien Marktes sind ausnahmslos die direkten Nachkommen der Prädestination und der Jesuiten. Sie sind die wenigen Auserwählten – die Minderheit im Besitz der Wahrheit und mit dem Recht, sie auf jede erdenkliche Weise durchzusetzen. Man wird mich fragen, ob es fair sei, jenem gewaltsüchtigen, blutrünstigen Haufen auch die Jünger des freien Marktes zuzuschlagen, diese dauernd mit Nobel-Preisen geehrten Gutgläubigen der Chicago School of Economics, ganz zu schweigen von den Neo-Konservativen, die in der Regel unglaublich wohlerzogene Leute sind.

Hören wir Michael Oakeshott zu, dem jetzt verstorbenen englischen Philosophen, einer Vaterfigur der Neo-Konservativen. Die Politik, sagt er, ist »vulgär«, »gefühllos«, »ein Schwindel«, und zwar wegen der Art Menschen, die sie anzieht, und »der falschen Vereinfachung des menschlichen Lebens, die auch in der besten ihrer Absichten steckt«.[12] Die Politik, glaubt er, sollte man am besten Männern überlassen, die aus traditionellen Politikerfamilien stammen, und nicht irgendeinem ehrgeizigen Demokraten.[13]

Dieselbe Verachtung für die Mehrheit findet man bei dem Polit-Philosophen Leo Strauss, der in gewisser Weise Allan Bloom hervorbrachte, der seinerseits in seinem Buch *The Closing of the American Mind* dem amerikanischen Publikum mit Intelligenz und hohem Stil klarmachte, dass die meisten von ihnen minderwertig seien. Hier und da marschierten andere Intellektuelle in die gleiche Richtung. Der Dramatiker Botho Strauß veröffentlichte 1993 im *Spiegel* einen richtungsweisenden Artikel ähnlicher Art.[14] Er schrieb ein abgehobenes, literarisches Deutsch, das die meisten seiner Leser kaum verstanden. Und doch fühlten sich auf irgendeine Weise die zunehmend gewalttätigen Skinheads in Deutschland durch dieses elitäre Gehabe angefeuert. Hier haben wir ein schlagendes Beispiel von Selbsthass vor uns. Die Skinheads fühlten sich angesprochen durch einen Gedanken, der sie schon allein durch den Duktus, in dem er vorgetragen wurde, herabwürdigte.

Ein kleiner Kreis jüngerer Amerikaner, vor allem die Söhne des Establishments oder reicher Familien, bildet heute die USA-Filiale dieser Bewegung. Es sind die beflissenen Hofschranzen des Neo-Konservatismus. In ihrer Ausdrucksweise herrscht die Atmosphäre einer umkämpften Minderheit mit dem Ziel, durch dunkle Winkelzüge und Kunstgriffe die Mehrheit in die alles hinnehmende Tatenlosigkeit zu treiben. Vor kurzem konnte man im Lauf einer öffentlichen Diskussion mithören, was sie zu sagen haben. Kostproben:

»Wir können wirklich nicht zu den armen Schwarzen gehen und sie aus der Sozialhilfe rauswerfen, wenn wir nicht vorher zu den reichen weißen Farmern gehen und sie aus der Sozialhilfe rauswerfen.«

Oder:

»Es wird ein bisschen Zeit kosten, große Vorhaben wie Sozialleistungen oder Gesundheitsprogramme wie Medicaid und Medicare loszuwerden. Aber es gibt eine ganze Menge kleinerer, die wir auf der Stelle loswerden können.«

Oder:

»Es ist gefährlich für die Partei, gefühllos zu erscheinen.« (Man achte auf das Wort »erscheinen«.)

Andererseits:

»Wenn man uns vor dem gegenwärtigen Hintergrund Gefühllosigkeit vorwirft, könnte das sogar zu unserem Vorteil sein.«[15]

Trotz des Wohlstands der Sprecher verströmen ihre Worte eine verbittert zynische Stimmung, die uns wiederum die Bewusstlosigkeit einer tiefen Selbstverachtung verrät. Die Tonart ist ein religiöser Sadomasochismus. »Wir hatten es leicht. Aber wir haben etwas falsch gemacht. Wir haben uns verschuldet. Jetzt müssen wir bezahlen. Wir müssen das härene Büßerhemd anziehen. Wir müssen uns Schmerzen auferlegen.« Natürlich fällt das Schmerzliche immer nur auf die anderen, aber das ist Nebensache.

Die Italiener haben ein wunderbares Wort, um ein Muttersöhnchen zu beschreiben – *un mammone*. Wenn ich einen dieser Leute höre oder lese, muss ich unwillkürlich an ein Vatersöhnchen denken. *Un pappone.* Einer, der so hart sein möchte wie sein Vater oder noch härter.

Wie auch immer: Ihre Methode ist durch und durch die politisch-religiöse Redeweise der Reformation. Und ganz wie die Kirchenführer vor 400 Jahren muss auch in der modernen Variante, wie der kanadische Schriftsteller M. T. Kelly es ausdrückt, »der andere geschaffen werden – der Teufel«. Erst mit solcher Dämonisierung kann man »der Gegenseite Güte oder moralischen Wert« bestreiten.[16]

Ich sollte aber fair sein und einen wichtigen Punkt hinzufügen: In der Tradition der Höflinge waren durchaus nicht alle so voll Zynismus und Ressentiment wie unsere Neo-Konservativen. Die Geschichte kennt Abertausende von Frauen und Männern, die eben nur als Klinkenputzer und Schönredner über die Runden kamen. Wenn sie ein öffentliches Amt anstrebten, hatten sie oft keine andere Wahl. Sie waren die Leidtragenden der herrschenden Gesellschaftsstruktur. Auch in unserer heutigen Gesellschaft geht es nicht viel anders zu. Die perfekt ausgebildete technokratische Führungsschicht, die mehr als ein Drittel unserer Bevölkerung ausmacht, ist gefangen in Strukturen, die den unterwürfigen Höfling verlangen.

Wie damals sind auch heute ihre Reihen angefüllt mit Menschen, die ihr Bestes versuchen zu tun. Sie finden sich mit ihrer Würdelosigkeit ab, um ihr tägliches Brot zu ergattern (verständlich, wir müssen alle essen), oft aber auch, um einer guten Sache zu dienen.

Auf der anderen Seite verzeichnet die Geschichte jedoch eine Gruppe von Hofleuten, denen die Erniedrigung, die ihr Stand forderte, Vergnügen machte. Nicht selten waren sie gerade deshalb erfolgreich, weil ihnen ihre zynische Selbstverachtung den größten Vorteil einbrachte in einer Situation, die krasse Ehrsucht und Täuschung belohnte. Shakespeare hat die beiden Hofleute-Typen meisterhaft nebeneinander porträtiert. Innere Kraft gegen Schwäche. Sittlichkeit gegen hohlen Ehrgeiz. Sinn für das Gemeinwohl gegen das verletzte Gefühl, es sei einem persönlich Unrecht geschehen. Kent gegen Edmund in *König Lear*. Rodrigo gegen Iago in *Othello*.

Die Iagos und Edmunds unserer Tage beschränken sich nicht auf die Truppen der Neo-Konservativen. Wir brauchen uns nur umzusehen und finden sie auf den Gängen der Ministerien, in den Büros der Verwaltung, in der Führungsetage der Unternehmen, Höflinge aller möglichen Spielarten auf dem Weg nach oben.

Umgekehrt gehören jedoch alle Neo-Konservativen als geschlossene Gruppe zu dieser Kategorie. Da sie keine Kinder mehr sind, also vor dem Gesetz verantwortlich für ihr Tun, so kommt man um die Feststellung, dass die Gesellschaft das wohl so wolle, nicht herum.

Hier möchte ich kurz den Themenfächer wieder öffnen und noch einmal auf den Korporatismus zu sprechen kommen. In den 70er Jahren des 19. Jahrhunderts legten sich die

Korporatisten erstmals die wiederverwendbare Idee zu, der Liberalismus habe sich einer großen Sünde schuldig gemacht, indem er »politische und wirtschaftliche Gleichheit den einzelnen Bürgern gewährte, die offensichtlich ungleich waren«.[17] Mit anderen Worten: Die Korporatisten ließen die mittelalterliche hierarchische Ordnung wiederauferstehen.

Gegen Ende jenes Jahrhunderts verliehen der deutsche Max Weber und der Franzose Émile Durkheim dem Korporatismus eine anspruchsvollere intellektuelle Gestalt. Es gab zwar eine längere Diskussion darüber, ob der Träger eines derartigen Systems der Staat, die Wirtschaft oder die Gesellschaft sein sollte. Aber der einzig wesentliche Punkt ist, dass das System der Gruppen und eigensüchtigen Interessen gestützt war. Der Wert der Uneigennützigkeit, im Sinne des Gemeinwohls oder der Hintanstellung des eigenen Vorteils, wurde missachtet und verleugnet. Die bloße Vorstellung eines Gemeinwohles verflüchtigte sich also.

1891 sprach sich die päpstliche Enzyklika *Rerum novarum* gegen den Klassenkampf aus und empfahl stattdessen eine modernisierte Fassung des mittelalterlichen Scholastiker-Traums von der perfekten Gesellschaftsordnung. Das sah aus wie eine Zurückweisung der marxistischen Konflikttheorie zugunsten einer »sozialen Harmonie«. In Wirklichkeit aber war es eine Zurückweisung der Humanität, der Demokratie und des verantwortungsbewussten Individualismus zugunsten der gemeinsamen Machtausübung durch Interessengruppen. Nach dem Ersten Weltkrieg entwickelten Männer wie Mihaïl Manoïleso und Alfredo Rocco diese Gedanken weiter und ebneten den Weg für die antiparlamentarische Strömung, die in den 20er und 30er Jahren zu einer ganzen Serie von Staatsstreichen und Diktaturen führte. Mit dem Aufstieg von Mussolini und einigen anderen Alleinherrschern befand sich der Korporatismus zum ersten Mal im Zentrum der Macht.

Die bestimmenden Leitlinien des Mussolini-Systems waren Effizienz, Professionalität, Management der Experten und soziale Stabilität durch andauernde Verhandlungen zwischen Gruppen oder das, was der Neo-Korporatist heute die Einbringung von Interessen nennt. Stattfinden sollte das alles in einer zwischen heroischer Führerschaft und den Kräften des Marktes ausbalancierten Gesellschaft.

Der zeitgenössische Korporatismus geht fachmännischer vor, bleibt jedoch in beklemmender Weise fixiert auf Schulung, Leistungsgesellschaft und Organisationsstrukturen, die unvermeidlich die Form einer Pyramide annehmen. Mit anderen Worten, die Zielrichtung ist genau dieselbe. Diese Botschaft wird lauthals verkündet, eingekleidet in ideologische Rhetorik und durch die Vorbeter der Marktkräfte, die Schönredner des Neo-Korporatismus und – von besonderer Bedeutung – die Autorität vieler sozialwissenschaftlicher Fakultäten.

Die Diffamierung so demokratischer Persönlichkeitsrechte wie Gleichheit und Gerechtigkeit erforderte von Anfang an neuartige Aushängeschilder, die jeder sozusagen über der Haustür anzubringen hatte. Am besten beherrschte dieses Verfahren Marschall Pétain, der Führer des korporatistischen und nazifreundlichen Frankreich im Zweiten Weltkrieg. Er ersetzte das revolutionäre »Liberté, Égalité, Fraternité« durch »Patrie, Famille, Travail«, also »Vaterland, Familie, Arbeit«. Andere korporatistische Faschistenregimes brauchten es ihm nur noch nachzumachen.

Man sollte sich mit diesem Blick auch einmal die *Sieben entscheidenden Qualitäten Amerikas* des Parlamentspräsidenten Newt Gingrich ansehen. Man wird entdecken, dass ganz oben auf der Liste »Arbeit« steht. In der Mitte findet man vier selbstgefällige Variationen über das Thema »Familie«. Und am Ende der Liste eine noch überheblichere Variante der »Nation«. Sechs von sieben, fast das ganze Programm. Im Übrigen: Drei seiner *Fünf Prinzipien der Amerikanischen Zivilisation* behandeln das Geschäftsleben, die Technologie und Organisationsfragen – alle drei also Merkmale von Arbeit. Über Freiheit oder Gleichheit oder, nebenbei bemerkt, Demokratie verliert er nicht eine Silbe. Gingrich ist das typische Beispiel eines Korporatisten, der sich – zumindest teilweise unbewusst – hinter der Rhetorik eines primitiven, also falschen Individualismus und eines ebenso falschen Modernismus versteckt.

Die Gedankengänge auf den kommenden Seiten greifen nicht einfach nur unsere westliche Schwäche für Ideologien an. Auch nicht unsere Unfähigkeit, eine Ideologie überhaupt als solche zu erkennen, sobald sie uns einmal im Griff hat. Oder schließlich unsere apathische Hinnahme, die uns so sehr irritiert, dass wir auf der Gegenseite finstere Dämonen oder eine andere Ideologie vermuten.

Mich beschäftigt die weitergehende Frage, ob wir uns aus diesem Alptraum von Utopie überhaupt noch befreien können oder nicht. Man wird sich erinnern: Utopie ist ein Wort, das Thomas Morus im Jahr 1516 aus zwei griechischen Wörtern zusammenbaute, aus »kein« und »Ort«. Mit einer Ideologie leben, mit utopischen Erwartungen, heißt an keinem Ort leben, in der Luft hängen. Nirgendwo zu wohnen. In einer Leere, wo höchst raffinierte, ausgeklügelte Ideenkonstrukte eine Illusion von Wirklichkeit erzeugen.

Ich werde daher nicht vorschlagen, in irgendeine reine, perfekte Zukunft zu fliehen. Das wäre ja wieder nur eine Ideologie. Lieber frage ich, wie und wie weit wir der Ideologie entfliehen können, auch wenn es nur in mühseligen, aber trittsicheren Schritten geht. Wie können wir den Schaden begrenzen, den wir als Endergebnis dieser offenbar angeborenen Schwäche uns selbst zufügen?

Ich werde mir dieses Rätsel in Form einiger Gegensatzpaare vornehmen. Wirkliche Gegensätze enthalten immer eine wirkliche Wahl. Vielleicht müsste man sie besser Kämpfe nennen. Humanität gegen Ideologie, zum Beispiel. Man könnte dazu auch sagen: Ausgewogenheit gegen Unausgewogenheit oder Gleichgewicht gegen Ungleichgewicht.

Im Folgenden werde ich immer wieder auf diese und andere Gegensätze zurückkommen, um sie weiter aufzufalten. Was heißt Humanität oder Menschlichkeit? Was könnte es heißen? Und was meine ich mit Gleichgewicht? Dieser Frage wird der größte Teil des letzten Kapitels gewidmet sein.

Aber auch wenn ich mich mit der schlichten Aufzählung der drei Gegensatzpaare begnüge (Ideologie gegen Menschlichkeit, Ausgewogenheit gegen Unausgewogenheit, Gleichgewicht gegen Ungleichgewicht) wird man spüren, dass ich eine ziemlich behutsame Annäherung an Ideen und Leitlinien vornehme. Ein solches Vorgehen sollte uns zumindest dazu befähigen, eine Ideologie zu erkennen, wenn wir eine vor uns haben. Anders gesagt: Wir lernen möglicherweise wieder, die Gestalt unserer eigenen Wirklichkeit zu sehen. Und das könnte uns möglicherweise helfen, nicht ganz so leicht den großen, aber unbrauchbaren Fragestellungen ins Netz zu gehen: Was heißt Zivilisation? Was ist der Mensch?

Auf diese aussichtslosen Fragen hält die Ideologie immer eine abschließende Antwort bereit. Sie stellen die Fragen jedoch ein wenig anders: mit der Aggressivität einer Behauptung. Etwa so: Was sollte unsere Zivilisation sein? Sie wissen es bereits. Was ist der Mensch? Soll heißen: Was er ist, lässt ihm sowieso keine Wahl.

Haben wir uns einmal von diesen Behauptungen freigemacht, stoßen wir auf die vernünftigere Form der Fragen. Was könnte unsere Zivilisation sein? Konkret und praktisch, heißt das. Was können Menschen mit Aussicht auf Erfolg anstreben und über einen sinnvollen Zeitraum hinweg aufrechterhalten? Was ich vorschlage, klingt vielleicht außerordentlich simpel. So sehr, dass es naiv aussieht. Aber hier ist daran zu erinnern, dass Sokrates nicht deshalb hingerichtet wurde, weil er sagte, wie alles war oder sein sollte, sondern weil er praktische Hinweise auf eine vernünftige Annäherung an die Wahrheit suchte. Er wurde nicht wegen Megalomanie oder grandioser Selbstsicherheit hingerichtet, sondern für seinen hartnäckigen Zweifel an der Wahrheit der anderen.

Fächern wir den Themenbereich noch weiter auf. Wenn ich wissen wollte, in was für einer Gesellschaft ich lebe, würde ich mit dieser Frage anfangen: Wer ist der Gesetzgeber? Denn die Quelle dieser Legitimität ist das Herzstück jeder Zivilisation. Aus der Einrichtung dieser letzten Autorität ergibt sich fast alles andere: Macht, Institutionen, private wie öffentliche Grundhaltungen, bewunderte, verworfene oder vergessene moralische Überzeugungen. Ich kann als Quelle der Legitimität in der Geschichte des Westens nur vier wirkliche Alternativen erkennen. Es kann ein Gott sein. Ein König. Bestimmte Gruppen. Oder die aus Individuen zusammengesetzte Bürgerschaft, die als Ganzes handelt. Zu den vier Möglichkeiten gibt es allerlei Variationen. Manche Könige beanspruchten eine unmittelbare göttliche Eingebung, kombinierten also zwei Alternativen. Moderne Diktatoren, von Napoleon bis noch zu Hitler, erhoben den Anspruch, ihre Legitimität von einem Monarchen geerbt zu haben. Und bei den Gruppen finden wir alles mögliche, von den Zünften des Mittelalters bis zum heutigen Korporatismus.

Nun stellt man bei den ersten drei Rollenträgern, Göttern, Königen und Gruppen, eine seltsame Eigenart fest: Sind sie einmal an der Macht, so tun sie alles, um den vierten, den individuellen Bürger, auf einen Zustand der Untätigkeit zurückzuschneiden. Er wird auf den Status eines Untertans beschränkt. Das heißt, er hat sich dem Willen einer Autorität oder mehrerer zu unterwerfen.

Mit anderen Worten: Götter, Könige und Gruppen sind unvereinbar mit der vierten Legitimitätsquelle, dem einzelnen Bürger, weil sie Ergebenheit fordern, wohingegen der Individualismus Teilnahme verlangt. Es können nur entweder eine oder mehrere der drei ersten Varianten oder aber die vierte an der Macht sein.

Ich bin der Auffassung, dass unsere heutige Gesellschaft weithin durch die Beziehungen zwischen Gruppen organisiert wird. Was meine ich mit »Gruppen«? Einigen kommen an dieser Stelle vielleicht transnationale Unternehmen in den Sinn. Andere denken möglicherweise an staatliche Ministerien. Aber das trifft die Sache noch nicht. Es gibt Tausende von hierarchisch strukturierten Interessen- und Expertengruppen in unserer Gesellschaft. Manche sind wirkliche Unternehmen, andere sind Zusammenschlüsse von Unternehmen, andere sind Berufsverbände oder kleinere Intellektuellenzirkel. Manche sind staatlich, andere privat, einige haben gute Absichten, andere schlechte. Ärzte, Rechtsanwälte, Soziologen, eine Galaxie wissenschaftlicher Vereine. Es kommt mir nicht darauf an, wer oder was sie alle sind. Mein Punkt ist, dass die Gesellschaft als die Summe dieser Gruppen betrachtet wird. Nur das. Und dass die erste Loyalität des einzelnen Bürgers seiner Gruppe gehört und nicht der Gesellschaft.

Bedeutungsvolle, weittragende Entscheidungen werden nicht in demokratischer Diskussion getroffen, sondern in Verhandlungen zwischen Gruppen auf der Basis von Expertenwissen, Interessen und der Fähigkeit, Macht auszuüben. Ich behaupte, dass im Westen der Einzelne, von der Spitze bis in die unteren Schichten dessen, was heute Elite genannt wird, in erster Linie als Gruppenmitglied handelt. Das führt dazu, dass alle, wir selbst, vor allem in abhängiger Funktion leben, und nicht zuerst als Bürger, nicht als Individuum. Von unseren hierarchischen, auf Leistung bedachten Gruppen werden wir für Erfolge belohnt, die das Funktionieren der Gruppe braucht. Wir wissen: Wenn wir uns wirklich einmal persönlich artikulieren, wird das nicht nur missbilligt, sondern bestraft. Der aktive, freimütig sich äußernde Bürger hat kaum die Chance einer erfolgreichen Berufskarriere.

Was ich hier beschreibe, ist der Grundgedanke des Korporatismus. Die zahlreichen Absichtserklärungen aller Generationen von Korporatisten kann man vergessen, von den früheren katholischen Gruppierungen über die Faschisten bis zu den Vertretern technokratischer Hierarchien und den wohlmeinenden Neo-Korporatisten in den heutigen Sozialwissenschaften. Von Bedeutung ist, was ihnen allen gemeinsam ist. Und das ist ihre Überzeugung, wo die Quelle der Legitimität liegt. Für den Korporatismus liegt sie bei der Gruppe, nicht beim einzelnen Bürger.

Der Mensch wird damit auf einen messbaren Wert verkürzt, wie eine Maschine, ein Besitzstück. Wir haben die Wahl: Entweder wir erreichen einen möglichst hohen Wert und führen ein bequemes Leben, oder wir werden ohne Umstände zum Haufen der Randexistenzen geworfen.

Ich will es präziser sagen: Wir leben in einer korporatistischen Gesellschaft mit schwachen demokratischen Ambitionen. Tagtäglich fließt mehr und mehr Macht in die Hände der Gruppen. Hier liegt die wahre Bedeutung der Markt-Ideologie und unserer passiven Hinnahme der Globalisierung in ihren wechselnden Formen.

Unsere einzige ernst zu nehmende Reaktion darauf wird als wütender Populismus sichtbar. Er ist, wie ich später zeigen werde, ein falscher Populismus, der sich auf so antidemokratische Verfahren wie Volksbefragung oder die sogenannte direkte Demokratie beschränkt.

Hier möchte ich jedoch noch einmal auf die Eigenschaften von staatstragenden Göttern, Königen und Gruppen zurückkommen. Sie können nicht reibungslos funktionieren in einer wirklichen Demokratie, das heißt in einer Gesellschaft von Individuen. Allen drei Konstruktionen fehlt, was ich Uneigennützigkeit nennen möchte. Was in ihnen geschieht, ist vollständig auf eigennützige Interessen gegründet. Sie zerstören sich selbst, weil sie unfähig sind, die Aufmerksamkeit auf längere Zeiträume und größere Blickwinkel zu lenken, was beides ein gewisses Maß an Uneigennützigkeit voraussetzt. Man könnte es auch das Ernstnehmen des Gemeinwohls nennen.

Eine Gesellschaft, in der die Quelle der Legitimität beim individuellen Bürger liegt, sieht anders aus. Sie kann in aller Ruhe Götter, Könige und Gruppen gewähren lassen, vorausgesetzt, sie mischen sich nicht in die Angelegenheiten des Gemeinwohls ein, das heißt, solange sie durch die geltenden Regeln des Gemeinwohls eingeschränkt bleiben. Eine Gesellschaft von Bürgern ist zu solcher Tolerierung fähig, weil sie sich auf der gemeinsamen interessefreien Uneigennützigkeit ihrer Individuen aufbaut. Überdies bringt sie einen mäßigenden Beruhigungseffekt zur Wirkung, der auch den drei anderen Kräften – Göttern, Königen und Gruppen – zugutekommt. Er grenzt ihre selbstzerstörerische Natur ein, indem er ihren Blick auf längere Zeiträume und das größere Gesamtbild erweitert.

Ich glaube, unsere Fähigkeit zur Wiedererrichtung einer Gesellschaft der Bürger ist angewiesen auf die Wiederentdeckung von interessefreier Uneigennützigkeit und Teilnahme. Beide sind ein guter Schutz gegen das anscheinend unbewusste Verlangen, sich in eine Ideologie zu flüchten. Aber die Leitlinien der gegenwärtigen Politik im Westen gehen vom exakten Gegenteil aus. Alles, von der schulischen Erziehung bis hin zu Ämtern und Behörden, wird heute auf die selbstzerstörerische Grundlage des Eigeninteresses gestellt. Ich habe von drei parallelen Gegensatzpaaren oder Kämpfen gesprochen: Humanität gegen Ideologie, Ausgewogenheit gegen Unausgewogenheit, Gleichgewicht gegen Ungleichgewicht. Ich kann nun zwei weitere hinzufügen: demokratischer Individualismus gegen Korporatismus, Bürger gegen Untertan. Im nächsten Kapitel werde ich überdies die Gegensätzlichkeit von Sprache und Propaganda sowie Bewusstsein und Bewusstlosigkeit behandeln.

Im gegenwärtigen Entwicklungsstadium unserer Zivilisation, am Ende des 20. Jahrhunderts, komme ich zu der Feststellung, dass wir jede dieser Auseinandersetzungen verlieren, dass die dunkle Seite in uns und in unserer Gesellschaft gewinnt.

Übertreibe ich? Leben wir tatsächlich in einer korporatistischen Gesellschaft, in der die Demokratie höchstens als Überdruckventil dient? Die demokratischen Institutionen stehen ja noch, und ab und zu gelingt es den Bürgern sogar, den Eliten eine andere Politik aufzuzwingen. Ich trage jedoch kein diktatorisches Argument vor. Wovon ich sprechen will, ist die Richtung, die unsere Gesellschaft eingeschlagen hat. Und wie weit sie auf diesem Weg schon gegangen ist.

Machen wir einen einfachen Test, untersuchen wir den Gesundheitszustand des Gemeinwohls. Noch nie war eine so gewaltige Geldmenge im Umlauf wie heute, richtiges Geld, Geld zum Ausgeben. An den absoluten Zahlen lässt sich das ebenso ablesen wie an den Pro-Kopf-Zahlen. Man braucht sich außerdem nur das Größenwachstum der Banken und das noch explosivere Wachstum des Geldmarkts anzusehen.

Noch nie stand so viel Geld zur Verfügung, und doch ist kein Geld für das Gemeinwesen da. In einer Demokratie wäre das nicht der Fall, denn die Gesellschaft wäre durch allgemeine Übereinkunft auf den interessefreien Gemeinsinn gegründet. In einem korporatistischen System dagegen fehlt für das Gemeinwohl immer Geld, weil hier die Gesellschaft reduziert bleibt auf die Summe aller Interessen, beschränkt auf das messbare Eigeninteresse.

Was ist aber nun der »Große Sprung rückwärts«, der in der Kapitelüberschrift genannt ist? Es ist unser Sprung zurück in die Besinnungslosigkeit, in den willkommenen Zustand eines Untertans, der nur als Rädchen in einer von Zehntausenden privater und öffentlicher Körperschaften funktioniert, befreit von aller persönlichen, interessefreien Verantwortung für seine Gesellschaft. Deshalb kapituliert er vor der Verführung einer – wie ich es nannte – apathischen Geborgenheit, die ihm jede Ideologie andient.

Ich möchte das Kapitel mit zwei letzten Gegensätzlichkeiten schließen.

Die erste besteht einerseits aus den unveränderlichen und andererseits den vorübergehend auftretenden Verhaltensmustern des Menschen. Was uns heute angeboten wird als die unvermeidliche Form menschlicher Beziehungen, aufgezwungen von solchen Mächten wie dem Markt oder der Technologie, ist in Wahrheit ein Phänomen eher jüngeren Datums und von zeitgebundener, ja zufälliger Art. Vergängliche Beziehungsformen, weil sie unmittelbar abhängig sind von den sich entwickelnden Konturen roher Machtausübung. Auf dem scheinbaren Fundament so episodischer Erscheinungsformen von Macht haben wir schon manche Gesellschaftstheorie aufgebaut, von Adam Smith bis hin zu Karl Marx. Damit verschwendet man nur Zeit auf den Seitenpfaden der Wirtschaft.

Die Vergänglichkeit dieser Beziehungsformen wird offenkundig, wenn wir sie mit den bedeutsamen Äußerungen zu diesem Thema vergleichen, die uns seit 2.500 Jahren geradezu unverändert begleiten: die Grundsätze für Recht und Gerechtigkeit in Solons Gesetzen, Sokrates' Ansicht vom Bürger als dauerndem Ruhestörer, Ciceros Satz »Das Wohl des Volkes ist das oberste Gesetz.«[18] oder bei Johannes von Salisbury die

Verachtung für den Menschen, der die Selbsterkenntnis verachtet. Es gibt Tausende anderer Beweise in Wort und Tat für unser Streben nach menschlicher Verbesserung durch eine wachsende Verantwortung für uns selbst und die Gesellschaft.

Auch die kurzlebigen Erscheinungsformen des Eigeninteresses sind aktenkundig. Und die Liste ist kaum weniger lang: persönliche Gewinnsucht, Anwendung von Gewalt für das eigene Weiterkommen, raffinierte Machenschaften zur Machterhaltung. Historische Figuren, die ihre Macht zu engherzigen Absichten gebrauchten, bleiben uns im Gedächtnis, aber immer nur als bedauerliche Beispiele menschlicher Schwäche. Es ist bemerkenswert, dass wir in unserer lebendigen Erinnerung diese Liste eigensüchtiger Taten niemals bewundern. Wir haben sie eher als Liste unserer Fehlschläge vor Augen.

Das bringt mich zum letzten Gegensatz.

Beim Lesen meiner negativen Kommentare zur Natur des Menschen, zu uns selbst, hält man möglicherweise auch mich für einen, der vom hohen Sockel der Elite nur mit Geringschätzung herabschaut, also ebenfalls an Selbstverachtung leidet, ohne es zu wissen.

Aber die Begegnung mit der Wirklichkeit ist in der Regel ein Akt der Kritik. Nur die Ideologie besteht auf der gnadenlosen Wohlgeordnetheit aller Dinge. Aus diesem Grund verwirft sie die »negative« Kritik und fördert die »positive« Untätigkeit. Der Wirklichkeit zu begegnen, auch wenn dieser Schritt noch so negativ und bedrückend sein mag, ist der erste Schritt, um mit ihr zurechtzukommen. Genau das möchte ich anhand weniger Beispiele in den nächsten vier Kapiteln versuchen. In diesem ersten Kapitel habe ich einfach mein sokratisches, mein Bürgerrecht auf Kritik und Zurückweisung von Konformität, Tatenlosigkeit und Unvermeidlichkeiten ausgeübt. Was mich darin bestärkt und ermutigt, ist mein »Vergnügen« am kämpferischen Streben der Menschen.[19] Vergnügen am Menschen – das ist die große Idee, die im 12. Jahrhundert entdeckt oder besser gesagt: wiederentdeckt wurde unter dem Einfluss einer neuen Humanität, die die Gesellschaft aus dem Schatten eines »finsteren Mittelalters« herausführte.

Schon vorher hatte der römische Dichter Terenz gesagt: »Ich bin ein Mensch, nichts Menschliches ist mir fremd.« Diese innere Haltung übernahmen die menschenfreundlichen Philosophen für den auch von ihnen erkannten Kampf zwischen Vergnügen und Selbstverachtung – ein Vergnügen am Mitmenschen und Anteilnahme für ihn. Und das ist nichts anderes als ein wacher Sinn für Gesellschaft. Damals wie heute ist diese Idee ein wirksames anti-ideologisches Heilmittel, das den Menschen so nimmt, wie er ist, und daran glaubt, dass sich unser Bemühen um Verbesserung lohnt.

Von der Propaganda zur Sprache

Ich bin eine Schlange, kein Apfel.

Was bedeutet das? Unsere jüdisch-christliche Kultur schildert in ihrem Gründungsmythos den Wissensbringer als Ursprung des Bösen, als den Teufel, und den Verlust der Unschuld als Katastrophe. Vermutlich nicht so sehr aus religiösen Gründen, sondern aus dem üblichen Verlangen der Herrschenden, die Beherrschten in Schranken zu halten. Und Herrschaft über die westliche Gattung des Menschengeschlechts scheint immer an Sprache gebunden. Der Beruf eines jeden, der mit Sprache arbeitet, vom Teufel angefangen, ist die Verbreitung von Wissen. Nicht etwa, weil er allwissend wäre. Schriftsteller, Dramatiker, Philosophen, Professoren, Lehrer oder Journalisten haben keine Eigentumsrechte am Wissen. Sie besitzen es nicht. Sie mögen darin etwas mehr Übung haben als andere oder mehr Talent. Oder beides. Eventuell sogar beides in eindrucksvollem Umfang. Sie sind trotzdem nichts anderes als Meister der Verbreitung.

Das unter die Leute gebrachte Wissen, weitergegeben als schöpferischer Spiegel der Wahrheit oder intelligentes Argument oder handwerkliches Können oder als bloße Information, kann zu einem tieferen Verständnis führen. Oder auch nicht.

Die Wissensbringer unter uns sind weder Schlangen noch Äpfel. Was bedeutet das in einer korporatistischen Gesellschaft, wo Wissen Macht ist? In einer Gesellschaft, wo Millionen öffentlicher und privater Expertengruppen jede Herrschaft über Information, selbst ihre winzigsten, spezialisiertesten Bruchstücke, bewundern und belohnen? Der Einsatz in diesem Spiel ist der Apfel. Selbstschutz, Beförderung, Macht setzen die Fähigkeit zur Informationskontrolle voraus, als wären wir selbst der begehrte Apfel. Ich finde, wir haben inzwischen einen erstaunlichen Grad an Verfeinerung in unserer Apfel-Neidpsychose erreicht.

Hier lohnt sich die Feststellung eines auffallenden Kennzeichens der Ideologien. In ihrer Rechtfertigungsrede bestehen sie üblicherweise darauf, dass die Menschen einst in einem glücklichen, unschuldigen, wenn auch etwas rohen Naturzustand lebten. Im Garten Eden. Jedwede Ideologie schlägt uns nun ein paar unvermeidliche Etappen vor, die wir nur zu durchlaufen brauchen, um auf einem höheren, anspruchsvolleren Niveau wieder in den verheißenen Garten Eden einzuziehen. Das Paradies ist die erste und die letzte Adresse. Anfang und Ende des Kreislaufs der Menschheit. So hat es Marx versprochen. Die Nazis haben es versprochen. Und, wer hätte es gedacht, die Ideologen des freien Spiels der Kräfte versprechen es auch. Kurz- oder mittelfristig sind gewisse Übel unvermeidbar, aber die nächste Haltestelle ist das Paradies.

James Hillman, der amerikanische Psychologe, stellt seinem Land immer wieder diese Fragen:

»Warum haben wir eine Kultur, die ihre Unschuld nicht verlieren will?«

»Was ist die moralische Überlegenheit des Zustands der Unschuld?«

»Wieso sind Kultur und Verfeinerung irgendwie gleichbedeutend mit Korruption?«[1]

Zu diesem Krankheitsbild tragen vermutlich mehrere Faktoren bei. Aber es bleibt festzuhalten, dass das Herz der Markt-Ideologie in den Vereinigten Staaten schlägt, und dass ihre Gläubigen zwei unvereinbare Visionen predigen: erstens die Rückkehr zum amerikanischen Kleinstadt-Ideal, und zweitens das Erreichen eines geheimnisvollen Ausgleichs, den die entfesselte Maschinerie des Kapitalismus schaffen soll. Jeder, der noch bei Verstand ist, wäre von so seltsamen Bettgenossen zumindest überrascht. Die globalisierte Wirtschaft Hand in Hand mit dem Kleinstadt-Ideal, das ist einfach eine logische Unmöglichkeit: Die beiden sind erbitterte Feinde. Aber das Verständige wird ja nicht gebraucht in einer Utopie.

Für den Ideologen wird sogar die Sprache zur Botschaft, weil es keinen Zweifel gibt. In einer vernünftigen Gesellschaft ist die Sprache nur ein Instrument zur Mitteilung. Es ist die Aufgabe des Schriftstellers, den Fluss der Verständigung auch gegen Widerstände in Gang zu halten. Die Flucht zu ergreifen vor Konformität und Lobhudelei. In seiner *Apologie* verteidigte sich Sokrates vor Gericht so: Er habe gar keine andere Wahl als philosophierend durch die Straßen zu gehen, »sich selbst und andere zu untersuchen«. Er ging jeden an, Kinder und Kaufleute, und wurde jedem zum Ärgernis. Es ist ohne Unterschied dasselbe wie etwa bei Heinrich Bölls unablässiger Kritik der neureichen Nachkriegsgesellschaft in Deutschland, in den Worten Gordon Craigs »eine gleichgültige und bürokratisierte Gesellschaft, die sich nur für Macht, Einfluß und Geld interessierte«.[2]

Das Wichtigste an der Aufgabe des Schriftstellers ist die Erhaltung seiner Unabhängigkeit. Manche verschreiben sich vielleicht einer bestimmten politischen Richtung. Das kann zum Erfolg führen oder in die Katastrophe. Das eine Beispiel ist Michel de Montaigne, der als Berater für Heinrich von Navarra (den späteren König von Frankreich) eine bedeutende Rolle spielte bei der Abfassung des Toleranz-Edikts von Nantes, eines der frühesten Dokumente moderner Religionsfreiheit.[3] Das Gegenbeispiel ist Martin Heidegger, der als Kanzler der Universität Freiburg in Nazi-Uniform erklärte, die Deutschen seien nun »geführt von der Unerbittlichkeit jenes geistigen Auftrags, den das Schicksal des deutschen Volkes in das Gepräge seiner Geschichte zwingt.«[4]

Sokrates und Böll verbreiteten ein Wissen, das den Zweifel fördert. Und der Zweifel ist das Kernstück einer Bürger-Gesellschaft, also der Demokratie.

Eine der besten Beschreibungen dieser Schriftsteller-Rolle fand ich wiederum in jenem Nachkriegsdeutschland auf der Suche nach seinem Weg heraus aus dem selbstverursachten Zusammenbruch, der ja nicht nur ein materielles, sondern auch moralisch und kulturell ein Trümmerfeld hinterließ, auf der Rückkehr zur Zivilisiertheit, die das Land wenige Jahrzehnte vorher kennzeichnete. Walter Jens sagte es so:

»Der deutsche Schriftsteller unserer Tage, von keiner Klasse beauftragt, von keinem Vaterland beschützt, mit keiner Macht im Bund, ist … ein dreifach einsamer Mann. Doch … seine Bindungslosigkeit eben läßt ihn – eine ungeheure, einzigartige Chance! – so frei sein wie niemals zuvor. … In einem Augenblick, da der blinde Gehorsam regiert, ist das Nein des Warners, das erasmische Zögern, seine Bedenklichkeit und sokratische Vorsicht wichtiger denn je.«[5]

Was heißt das, fragte ich oben, in einer korporatistischen Gesellschaft? Also in unserer Gesellschaft? Ich denke, es heißt vor allem, dass die Bedeutung des Schriftstellers – und damit der Sprache – so ausgehöhlt ist wie seit dem späten Mittelalter nicht mehr.

Sicher hat es noch nie so viele Schriftsteller gegeben wie heute, so viele Bücher, so viel plapperndes Gerede, das sich aus so vielen neuen Medien über uns ergießt. Und jeden Tag erblickt eine weitere neue Sprachverbreitungs-Technologie das Licht der Öffentlichkeit.

Aber gleichzeitig werden in einer korporatistischen Gesellschaft die meisten Personen auf verantwortlichen Stellen dafür belohnt, dass sie Sprache kanalisieren. »Wissen ist Macht.« So lautet das kühne Werbemotto einer Konferenz, zu der die *International Herald Tribune* einlädt. Sie verspricht dabei die Anwesenheit von Topstars staatlicher wie privater Organisationen der ganzen Welt. Und die Möglichkeit, sich »Kontakte« zu verschaffen und ein gutes »Geschäft« zu machen. »Vor allem erwerben Sie das Wissen, das Ihnen einen Vorsprung vor Ihrem Konkurrenten geben kann.«[6] »Erwerben« ist hier durchaus in seiner finanziellen Bedeutung gemeint. In einer korporatistischen Gesellschaft ist Wissen ein Besitz, es wird überwacht, gekauft und verkauft. Natürlich nur das Wissen, das zählt.

Die Leute, die es besitzen, haben die Macht (besser: das, was wir bei unserer technokratischen Manager-Elite heute unter »Macht« verstehen). Wissen ist für die Menschen in diesem System ein Zahlungsmittel, genau wie für die Hofleute in den Salons von Versailles. Sie brauchen dafür zuerst eine Stellung im System mit der Möglichkeit, sich selbst den Zugang ins Innere zu öffnen und anderen den Zugang zu verweigern. Als nächstes brauchen sie dann das Zahlungsmittel, die Jetons, um beim Spiel mitzumachen. Mit anderen Worten: Sie brauchen Information. Vielleicht sehen unsere Eliten nicht immer wie Hofleute an der königlichen Residenz aus. Aber sie erinnern doch stark an die Schulgelehrten des späten Mittelalters, die es sich zur Aufgabe gemacht hatten, jede Diskussion durch Aufsplitterung in winzigste Details zu ersticken, um auf diese Weise an der Macht teilzuhaben. Das brachte sie zu der Überzeugung, sie seien selbst der Apfel.

Und wie steht es mit dem erstaunlichen Gewäsch, das uns Tag für Tag überschwemmt, insbesondere durch die modernen Informationsmedien, von Radio und Fernsehen bis zum letzten Durchbruch in der Computer-Technologie? Offen gesagt: Soweit es nicht in einer tatsächlichen Verbindung zur Machtstruktur steht, ist es wirklich nur Geplapper. Das merkwürdigste Überdruckventil aller Zeiten.

Ich will nicht übertreiben. Wenn in einer außergewöhnlichen Anstrengung dieses Gerede einmal in den Dienst einer guten Sache tritt, kann es gelegentlich eine gewisse Wirkung auf die Inhaber der Macht ausüben. Man vergleiche aber diese knappen und kurzlebigen Siege mit den Triumphen, die die korporatistische Macht mit dem Gebrauch derselben Informationssysteme erzielt. Das Verhältnis ihrer Erfolge, die Bürger vom Widerstand gegen die Vorherrschaft der Gruppen abzulenken, ist vermutlich 100 zu 1 gegen das pure Gerede. Es steht 100 zu 1 für den Korporatismus und gegen die Demokratie.

Ich gehe aber noch weiter. Im 18. Jahrhundert glaubten die Denker der Aufklärung noch, der freie Zugang zum Wissen schaffe unschlagbare Argumente gegen Fehl- und Übergriffe.

Dieses Offenlegen der Wahrheit richtete sich gegen die Mächte der Zeit, die Kirche und die Monarchie. Heute dagegen benutzt die Macht als hauptsächliche Rechtfertigung ihrer Fehler das Wissen im Besitz ihrer Experten. Sie wissen Bescheid, also müssen sie das jeweils Notwendige tun. So werden Krankenhäuser geschlossen oder die Etats öffentlicher Schulen beschnitten oder die Steuerlast von denen, die viel haben, auf die umgeschichtet, die wenig haben. Das Wissen dient heute wirksamer der Rechtfertigung von Fehlentscheidungen als zu ihrer Verhinderung.

Damit erhebt sich die wichtige Frage nach der Bedeutung der Redefreiheit. Wir haben sie, eine ganze Menge davon. Sofern sie aber in der Wirklichkeit kaum eine praktische Wirkung zeigt, ist sie keine wirkliche Redefreiheit. Ohne praktischen Nutzen ist alle Rede nur Dekoration.

Die Strukturen des Korporatismus waren bemerkenswert erfolgreich in der Beschränkung dieses Nutzens. Das tatsächliche Geschehen, privat oder öffentlich, bleibt ausgeblendet in einer Welt, die durch die endlosen Ströme an Information immer undurchsichtiger wird, durch die Sturzbäche von Rhetorik und Propaganda über all jene, die außerhalb der Interessengruppen stehen. Und die Gesetze zur Informationsfreiheit und informationellen Selbstbestimmung? Sie bestätigen nur, dass jede Information zuallererst Privatbesitz ist, solange nicht ausdrücklich danach gefragt wird. Die Anfrage muss mit guten Gründen dargelegt werden, und außerdem kostet sie Geld. Die Konsequenz: Informationen werden unter immer engeren Begriffen und Rubriken abgelegt. Die Anfrage erzielt also nicht mehr als ein Informationsfragment, und nur der Bürger mit finanziellem Rückhalt kann sich so einen deprimierenden Jagdausflug noch leisten.

Wer überzeugt ist, dass die Demokratie aus dem Mutterbauch der Marktfreiheit gekommen ist, neigt auch gern dazu, die Redefreiheit mit dem Kapitalismus zu verknüpfen. George Bush zum Beispiel erklärte bei seiner Amtseinführung, dass »ein gerechteres Leben in größerem Wohlstand für die Menschen auf der Erde« durch »freie Märkte, freie Rede und freie Wahlen« erreicht werden könne. Die Reihenfolge der drei Freiheiten ist überraschend in der Rede eines Mannes, der im Begriff ist, die Verantwortung für das höchste Amt der Verfassung der USA zu übernehmen. Das angebotene Nacheinander der Freiheiten ist eine historische und zeitgenössische Phantasterei. Die Welt heute, wie auch oft in der Vergangenheit, ist voll von Staaten, die gleichzeitig einen freien Markt, scharfe Zensur und gefälschte oder gar keine Wahlen kennen. Zwei auf der Hand liegende Beispiele: Singapur und China. Und je komplexer der freie Markt ist, umso strenger wird die Überwachung der beiden anderen Freiheiten.

Im Grunde genommen sind freie Rede und Demokratie eng verbunden mit dem tätigen, praktischen Gebrauch des Gedächtnisses (also der Geschichte) und ebenso mit einem ungebrochenen Sinn für das Gemeinwohl. Der Handel hat kein Gedächtnis. Seine Stärke ist die Fähigkeit, immer wieder neu anzufangen, die andauernde Wiederherstellung seiner jungfräulichen Unschuld. Der Handel fühlt sich auch keiner Gesellschaft besonders verbunden. Ihm geht es darum, Geld zu machen, was ja in Ordnung ist, solange es dabei bleibt.

Die Wahrheit, die auch jedem von Bushs Redenschreibern zur Verfügung stand, ist, dass Redefreiheit zum ersten Mal klar und bewusst als wesentlicher Bestandteil der Demokratie schon um 470 v. Chr. definiert wurde. Das liegt, wenn ich richtig rechne, etwa 2.250 Jahre vor der industriellen Revolution. Äschylus, der früheste der großen Athener Dramatiker, spricht in seinem Stück *Die Schutzflehenden* von der freien Rede als einem demokratischen Wesensmerkmal. Das war 70 Jahre vor Sokrates' Tod. Die Idee wurde offenbar allgemein gutgeheißen. Und alle griechischen Dramatiker spielten ihre Rolle bei der Befestigung dieser Freiheit, indem sie in ihren Stücken die Argumente wiedergaben, die auf der Straße und in den Versammlungen ausgetauscht wurden.

Wie so viele große Errungenschaften der Gesellschaft war auch die Redefreiheit leichter zu verlieren als zu gewinnen. Sie musste also ständig wiedererobert und aufrechterhalten werden. Gustave Flaubert, dessen Roman *Madame Bovary* nur knapp einen Zensurprozess überlebte, sagte: »Die Zensur, welche auch immer, scheint mir eine widernatürliche Scheußlichkeit, eine schlimmere Sache als der Mord; das Attentat auf das Denken ist ein Verbrechen der Seelenverletzung [er erfindet dazu das Wort ›lèse-âme‹, ähnlich ›lèse-majesté‹, Majestätsverletzung]; der Tod des Sokrates lastet noch immer auf dem Menschengeschlecht.«[7]

Leonardo Scascia beschreibt in seinem Roman *Der Abbé als Fälscher,* wie ein sizilianischer Vizekönig des 19. Jahrhunderts im Gespräch die immergleiche Haltung der Macht zur Rede-freiheit ausdrückt. In Sizilien konnte diese Haltung ohne wei-teres zur Realität werden:

»Und dann die Bücher, das Unkraut der Bücher, . . . Ihr habt ja keine Vor-stellung, wie viele Bücher es gibt und wie viele dauernd ankommen, ganze Kisten, ganze Wagenladungen. . . . Aber genau so viele wie ankom-men, verbrennt der Henker auch.«[8]

In einer korporatistischen Gesellschaft allerdings wird die tradi-tionelle Zensur oder die Verbrennung nicht ernstlich benö-tigt, obwohl auch solche Fälle immer wieder vorkommen. Hier sorgt anscheinend schon die Sprache dafür, dass wir unfä-hig sind zur Erkenntnis und zum Tätigwerden in der Wirklich-keit.

Ich könnte es auch anders sagen. Unsere Sprache hat sich in zwei Bereiche gespalten. Da ist einmal die öffentliche Spra-che: ungeheuer weitläufig, gehaltvoll, mannigfaltig und so gut wie kraftlos. Und daneben die korporatistische Sprache, un-trennbar verbunden mit Macht und Maßnahme. Sie zerfällt ih-rerseits in drei Teile: Rhetorik, Propaganda und Dialekt. Auf Rhetorik und Propaganda komme ich später zu sprechen. Be-fassen wir uns zuerst mit den Dialekten.

Ich meine damit nicht altmodische Regionaldialekte, son-dern die spezialisierten, nach innen gerichteten Wortapparate (ich vermeide das Wort »Sprache«, weil sie keine Sprache sind; sie teilen nichts mit) in den Zehntausenden von Monopolen des fragmentierten Wissens. Ich nenne sie die Dialekte der ein-zelnen Körperschaften. Die Dialekte der Wirtschaftswissen-schaften, der Mediziner, der Linguisten, der Künstler. Abertau-sende von Dialekten, undurchdringlich für den Nicht-Fach-mann, umgeben von dicken Wehrmauern, die jeder Gruppe ihre Bedeutung sichern.

Die Künste können die Schuld daran nicht der Wirtschaft zuschieben, ebensowenig wie die Wirtschaft die Künste oder beide die Staatsbeamten oder Wissenschaftler beschuldigen können (oder umgekehrt). Die Abhängigkeit von spezialisierten Dialekten, ja die Notwendigkeit, spezialisierte Dialekte anzuwenden, ist die allgemeine Lebensbedingung unserer gegenwärtigen Eliten.

Aber vielleicht ist der Herd dieser Krankheit doch in den Wirtschaftswissenschaften zu suchen. Diese oft gutgemeinte, potentiell nützliche falsche Wissenschaft speist die Dialekte des staatlichen und des privaten Sektors. Selbst die Geisteswissenschaften lassen sich zunehmend von sozialwissenschaftlichen Methoden und ihrer Einstellung zur Sprache anstekken.

Eine Erklärung des Phänomens ist übertriebene Angleichung. Wirtschaftswissenschaftler, Politologen und ganz besonders Soziologen sind bestrebt, die naturwissenschaftliche Analyse nachzuahmen, durch die Häufung von Indizienbeweisen, vor allem aber durch ihre Parodien eines der schlimmsten aller Wissenschaftsdialekte. Wie in den Körperschaften der Wirtschaft und der Regierung lässt sich auch hier der Zweck einer derart verdunkelten Sprache in der Formel zusammenfassen: undurchsichtig heißt kompliziert, und kompliziert heißt wichtig. Auf diese Weise sind die Dialekte mehr oder weniger bewusste Waffen für den Selbstschutz und unbewusste Werkzeuge der Selbsttäuschung.

Diese Spaltung in eine öffentliche und eine korporatistische Sprache macht es für jeden, drinnen oder draußen, sehr schwer, die Wirklichkeit zu erfassen. Ohne eine Sprache, die als gemeinsames Mittel nutzvoller Verständigung dient, schlittert eine Zivilisation in Verblendung und romantische Träumereien, beides Kennzeichen einer Ideologie, einer Unbewusstheit.

Und das passiert ausgerechnet unserem Jahrhundert! Das auf allen Ebenen explodierende Erziehungswesen und das Zusammentreffen des Psychologen-Paares Freud und Jung hätten uns eigentlich und vielleicht zum ersten Mal einem Idealzustand näher bringen müssen, dem bewussten Menschen, überlegt statt planlos und bemüht, Wissen und Verständnis auszubreiten.

»Die Bewußtheit ist die Bedingung des Seins«, hatte Jung verkündet.[9] Er sah hier einen engen Zusammenhang mit dem, was ich im ersten Kapitel Selbstverachtung nannte.

»Es ist erstaunlich, daß der Mensch als offenkundiger Veranlasser, Erfinder und Träger dieser Entwicklungen, der Urheber aller Urteile und Entscheidungen und als der Planer der Zukunft, sich selber zur *quantité négligeable* machen muß. Dieser Widerspruch und die paradoxe Bewertung menschlichen Wesens durch die Menschen selber ist in der Tat eine wunderliche Angelegenheit ... die man wohl nur durch eine ungewöhnliche Unsicherheit des Urteils erklären kann, mit anderen Worten, der Mensch ist sich selber ein Rätsel. ... Zwar weiß er sich in punkto Anatomie und Physiologie von den andern Animalia zu unterscheiden. Als bewußtes, selbstreflektiertes und mit Sprache begabtes Wesen hingegen fehlt ihm jeglicher Maßstab der Selbstbeurteilung.«[10]

Vielleicht liegt die Schwierigkeit der psychoanalytischen Bewegung darin, dass sie von Anfang an widersprüchliche Botschaften aussprach. Einerseits: Lerne, dich selbst zu erkennen – dein eigenes Unbewusstes, das Unbewusste überhaupt. Das wird dir helfen, mit der Wirklichkeit umzugehen. Andererseits: Dich haben starke (unbekannte, unerkannte) Urkräfte im Griff, und selbst wenn du sie kennst und siehst, werden sie dich beherrschen. »Gerufen oder nicht gerufen«, stand auf dem Schild über Jungs Tür, »Gott wird dasein.« Freud und Jung hatten wahrhaftig ausreichend Genialität oder auch Behutsamkeit walten lassen, als sie die Wohltaten ihrer wegweisenden Entdeckungen verkauften. Sie waren sogar extrem vorsichtig. Ivan Klima, der tschechische Schriftsteller, hat einmal in einem Gespräch über die allgemeinere Frage historischer oder sozialer Gewohnheiten die Schwierigkeiten der Situation sehr gut formuliert: »Es wäre naiv, anzunehmen, die seit Jahrhunderten bestimmenden Kräfte des menschlichen Verhaltens seien schon deshalb gezähmt, weil wir sie, wenigstens zum Teil, identifiziert und benannt haben.«[11] Er will damit sagen, dass die Benennung dieser Kräfte nur der Anfang eines schweren und dauernden Kampfes ist.

Das Freud-Jung-Problem allerdings liegt ganz woanders. Nach James Hillman und Michael Ventura, nur halb im Scherz, darin: *Hundert Jahre Psychotherapie, und der Welt geht's immer schlechter.*[12]

Zwar gab sich Jung alle erdenkliche Mühe, vor dem Missverständnis zu warnen, eine eng begrenzte Selbstkenntnis sei schon Bewusstheit. Aber ein Großteil der Bewunderung für die Psychoanalyse entsprang der offenbaren Möglichkeit, damit ein Gefühl (wie ich es nennen möchte:) falscher Individualität zu gewinnen.

Jung hatte gewarnt: »›Selbsterkenntnis‹ verwechselt man in der Regel mit der Kenntnis seiner bewußten Ichpersönlichkeit. . . . Was man gemeinhin ›Selbsterkenntnis‹ heißt, ist also meist ein von sozialen Faktoren abhängiges Wissen.«[13] Oder, noch brutaler: »Indem man überall der Meinung huldigt, der Mensch sei das, was sein Bewußtsein von sich selber weiß, hält man sich für harmlos und fügt so der Bosheit noch die entsprechende Dummheit hinzu.«[14]

In unserem Jahrhundert, beherrscht von Massen-Ideologien, globalen Strukturen und technischen Revolutionen, hat es den Anschein, als fände der westliche Mensch seine Zuflucht darin, etwas zu suchen, das ihm keiner nehmen kann – sein eigenes Unbewusstes. Auf diesem Weg wird die Therapie, wie Hillman sagt, zu einer weiteren Ideologie, einer »Erlösungsideologie«.[15] Aber diese Flucht ins Unbewusste geht längst über Therapie im eigentlichen Sinne hinaus und mündet in den allgemeinen westlichen Mythos, was ein Individuum ist und – noch wichtiger – was gefälligst sein Hauptinteresse sein sollte. Nämlich was? Er selbst. Sie selbst. Nicht die Gesellschaft. Nicht die Zivilisation. Der Teil gegen das Ganze. Das nur oberflächlich erforschte Leben des untätigen Bürgers gegen das gar nicht erforschte Leben des 20. Jahrhunderts.

Der Durchbruch von Freud und Jung verursachte noch eine weitere Fehlleistung. Er veränderte die Beziehung der Gesellschaft zu überzeitlichen Mythen. Jung stellen wir uns gern als einen Mann vor, der sich besonders auf die Götter und das Schicksal konzentrierte. Aber Freuds Lieblingsidee war davon nicht so sehr verschieden. Sex, die Götter und das große Schicksal.

Warum rede ich überhaupt von alldem? Weil Götter und Schicksal die zwei wesentlichen Kennzeichen jeder Ideologie sind. Bei jedem neuen Glauben erhalten die beiden zwar jeweils andere Namen. Aber sie bleiben die Fetische der Unvermeidbarkeit.

Die westliche Zivilisation begann vor zweieinhalb Jahrtausenden, als der Homerische Mythos, alles werde von den Göttern und dem Schicksal regiert, durch solche Denker wie Solon und Sokrates umgestürzt wurde. Homer hatte eine klare Botschaft: Gleichgültig, wie schlau, stark, begabt oder schön du bist, dein Leben ist durch Götter und Schicksal vorherbestimmt.

Hören wir ihm in der *Ilias* zu:

Agamemnon zu Achilles:
»Wenn du ein Stärkerer bist, ein Gott hat dir solches verliehen!«

Hektor zu seiner Frau Andromache:
»Doch dem Verhängnis entrann wohl nie der Sterblichen einer,
Edel oder geringe, nachdem er einmal gezeugt ward!«

Patroklus zu Achilles:
> »Aber wofern im Herzen ein Göttersbruch dich erschrecket,
> Und dir Worte von Zeus die göttliche Mutter gemeldet ...«

Hektor zu Glaukos:
> »Aber mächtiger stets ist Zeus', des Donnerers, Ratschluß,
> Der auch den tapferen Krieger verscheucht und den Sieg ihm
> entwendet ...«[16]

Homers Epos ist auf unzähligen Unvermeidlichkeiten dieser Art aufgebaut. In der Zeit vor den fragenden Zweifeln an der Zivilisation, also vor über 2.500 Jahren, wurden seine Erzählungen nicht als Dichtung oder Mythos oder historische Reportage verstanden, sondern eher so, wie zur Blütezeit des Christentums die Bibel verstanden wurde. Als wortwörtliche Wahrheit. Die große Befreiung von den Göttern und dem mächtigen Schicksal jedoch, wodurch die westliche Zivilisation überhaupt erst ermöglicht wurde, hatte ihre Grundlage in der wachsenden Überzeugung, das Menschengeschlecht könnte der Gesellschaft eine bestimmte Entwicklungsrichtung geben, so wie auch der einzelne Bürger seinem Leben eine Richtung geben konnte. Diese Möglichkeit war in den Grenzen der Wirklichkeit gegeben.

Nur die ununterbrochene Aufmerksamkeit gegenüber den Beschränkungen, die uns von einer Unzahl konkreter Tatsachen auferlegt sind, bewahrt uns vor der Duldung der Ideologie und den sich daraus ergebenden Katastrophen. Wenn wir den Bodenkontakt verlieren und abheben, dann oft deshalb, weil wir diese unscheinbare, aber entscheidende Klausel vergessen haben: »in den Grenzen der Wirklichkeit«.

Im Zeitalter der Ideologien kommen die Götter und das mächtige Schicksal jedoch zu neuem Leben. »Wunderbares ist viel in der Welt«, schrieb Sophokles schon im 5. Jahrhundert v. Chr., »aber nichts ist wunderbarer als der Mensch«. Wir hingegen entdecken plötzlich, am Ende des zweiten Jahrtausends, dass das gar nicht stimmt. Die historische Unvermeidlichkeit ist ein größeres Wunder als der Mensch. Ebenso die Dialektik. Ebenso die Überlegenheit einer bestimmten Menschengruppe durch das ihnen eigene »Blut«. So der Genius eines unsichtbaren Apparates, genannt »freier Markt«. Ebenso die Herrschaft lebloser Gegenstände (kurz: der Technologie): Erst schaffen fleißige Arbeitsbienen den Gegenstand, und dann, zwangsläufig, gehorchen sie ihm.

Diese Unvermeidlichkeiten sind ein »Großer Sprung rückwärts« in die Arme der Götter und des Schicksals. Ich behaupte nicht, dass Freud und Jung uns absichtlich auf diese niedrigere Form menschlichen Lebens zurückgeworfen haben. In gewisser Weise waren sie die unabwendbare, noch undeutliche Stimme eines Jahrhunderts, das zusehen musste, wie seine rational begründete, abstrakte Selbstbesessenheit an den Klippen der Wirklichkeit mit unbeschreiblicher und beispielloser Gewalt Schiffbruch erlitt. Als die Menschen sich betrogen fühlten, im Stich gelassen von ihrer Zivilisation, wurde ihnen für das Erlebnis ihres Versagens eine Erklärung geboten: die Archetypen, die alten Mythen, das ewig Unveränderliche. Statt ihnen Kraft und Zuversicht einzuflößen, schmeichelte die Erklärung ihrer Apathie – besonders bei öffentlichen Angelegenheiten – im Angesicht der herrschenden Ideologien.

Es gibt dabei allerdings eine Adresse, an die etwas wie eine konkrete Schuldzuweisung zu richten ist. In einem Zeitalter, das den Aufstieg gefährlicher Individuen erlebte, der modernen Variante des mythischen Helden, war Jung bei der Beschreibung seiner Archetypen nicht vorsichtig genug. Er spricht zum Beispiel vom Weg zur Bewusstheit, der uns von allen Besessenheiten befreien und unser freies, vielschichtiges Ich entwickeln soll. Danach aber malt er dieses Ich aus. Diesem wäre also »eine unangreifbare Stellung gesichert, die Unentwegtheit eines Übermenschen oder die Überlegenheit eines vollkommenen Weisen. Beide Figuren sind Idealbilder: *Napoleon* einerseits, *Laotse* andererseits«.[17]

Napoleon also: der erste moderne Gewaltherrscher, der erste Ausbeuter des aufgeklärten Absolutismus, der Zerstörer der Demokratie, Begründer der neueren Helden-Propaganda, Vorbild für jeden Diktator des 20. Jahrhunderts seit Hitler und Mussolini. Man begreift nur mit Mühe, wie ein feinfühliger Denker den bewussten Menschen Napoleon als das Idealbild hinstellen konnte. Genau genommen können Jungs Vorbilder als eine Weiterentwicklung der Heldenverehrung verstanden werden, die Thomas Carlyle im 19. Jahrhundert entworfen hatte (und sie sind, denke ich, tatsächlich so verstanden worden). Auch Carlyle hat, wie Jung, Militärdiktatoren und große Weise gleichgesetzt. Zwischen ihnen, sagte er, gebe es keine qualitativen Unterschiede. Sie seien einfach zwei Seiten derselben heroischen Persönlichkeit. Carlyle hat dabei vorsätzlich den bald darauf folgenden antidemokratischen Bewegungen eine geistige Rechtfertigung verliehen. Seine Vorarbeiten sind zumindest eine Teilursache für die erstaunliche Macht der Ideologien in unserem Jahrhundert.

Auch die Äußerungen der Psychotherapeuten haben wissentlich oder unwissentlich dazu beigetragen, den Aufstieg sowohl der modernen Ideologien, als auch der neuzeitlichen Helden zu legitimieren. In dem mehrbändigen Werk von Joseph Campbell (etwa in *Mythen der Menschheit*) ist das deutlich zu sehen. Freud und Jung hatten sich zwar vorgenommen, das Unbewusste zu erobern. Indem sie uns aber in die Arme der Götter und des Schicksals zurückschickten, haben sie es möglicherweise erst dahin gebracht, dass wir uns noch hysterischer an das Unbewusste klammern.

Es scheint, als hätte unsere ausschließliche Befassung mit unserem Unbewussten die Notwendigkeit eines öffentlichen Bewusstseins nicht bloß weniger dringlich, sondern einfach überflüssig gemacht. Das Versprechen einer tatsächlichen oder nur eingebildeten Selbstverwirklichung hat das Individuum als verantwortlichen und bewussten Bürger anscheinend verdrängt.

Die jetzt offenbare Konsequenz der psychoanalytischen Bewegung und ihres Verlangens nach der eigenen Bewusstheit ist eine bewusstlose Zivilisation. Jung stellte sich wahrscheinlich eine Einheit aus Innen- und Aussenleben vor, dem individuellen Einzelnen und dem tätigen Bürger. Was er stattdessen zustandebrachte, ist ein reines Entweder-oder.

Große Schriftsteller mit einem Sinn für die wirkliche Welt, in der ihre Sprache ankommt, haben natürlich immer Angst vor einer oberflächlichen oder gar böswilligen Interpretation ihrer Werke. Das ist vielleicht der Grund, warum so viele Schlüsselfiguren – ich nenne sie hier: bewusste Denker – das geschriebene Wort vermieden und sich lieber nur mündlich ausdrückten. Klare Beispiele dafür sind Sokrates, Christus und Franz von Assisi. Shakespeares Dramen existierten fast nur in gesprochener Form, wurden allenfalls in Bruchstücken aufgeschrieben und in der Inszenierung immer wieder abgeändert. Sogar einige, die ihre Werke niederschrieben, Dante zum Beispiel oder die großen Schriftsteller der Aufklärung, verwendeten bewusst und mit viel Mühe eine zu einfacher Klarheit veredelte Sprache, die an das mündliche Wort erinnerte und so auch benutzt werden konnte.

Harold Innis, der erste und noch immer klarsichtigste Kommunikationswissenschaftler, hat sich ausgiebig mit dem Problem der Schriftlichkeit befasst, wie auch mit dem Phänomen, das George Steiner »den Verfall ins Schreiben«[18] nennt.

Je tiefer wir ins Geschriebene kommen, umso tiefer geraten wir in die Verwechslung von Schlange und Apfel, Bote und Botschaft. Ich sagte es schon: Eines der Kennzeichen einer unversehrten Gesellschaft ist eine hinreichend verständliche Sprache, an der jeder in seiner eigenen Weise teilnehmen kann. Das

Anzeichen einer kranken Gesellschaft ist die Ausbreitung einer dunklen, unzugänglichen Sprache, die jede Verständigung lahm zu legen sucht. Im Mittelalter wurde sie zunehmend beliebter bei den Schulgelehrten der Universitäten. Heute ist sie bei denjenigen beliebt, die mit Tausenden undurchdringlichen Dialekten hantieren. Verantwortlich dafür ist angeblich die Komplexität der großen Fortschritte unseres Jahrhunderts, speziell seiner technologischen Errungenschaften. Aber die Komplexität steht ja gar nicht zur Debatte. Kaum ein Nicht-Fachmann möchte in allen technischen Details wissen, wie man einen Jumbo zusammenbaut oder einen postmodernen Roman schreibt. Vielmehr steht hier die Absicht auf dem Prüfstand, Sprache als Mittel der Verständigung zu benutzen oder, im Gegenteil, als Machtinstrument in den Händen ihrer Bewacher.

Bewusstlosigkeit, sogar hysterische Bewusstlosigkeit, ist also kein sehr überraschendes Symptom einer korporatistischen Gesellschaft, wo die mit der Macht verknüpfte Sprache dazu benutzt wird, Verständigung unmöglich zu machen.

»Ein Leben ohne Selbsterforschung«, sagte Sokrates im berühmtesten Satz seiner Rede nach der Verurteilung, »verdient nicht, gelebt zu werden.« Er meinte damit die tägliche Selbstprüfung, die mit dem öffentlichen Philosophieren einhergeht. Denn Philosophie ist entweder eine Sache der öffentlichen Diskussion oder gar nichts. Philosophie als die bloße Angelegenheit einer weiteren Expertengruppe ist ein krasser Rückfall in mittelalterliche Scholastik.

Sokrates stand mit seinem Verlangen nach Selbsterforschung keineswegs allein in den zweieinhalb Jahrtausenden, die zwischen diesem ersten Schlüsselereignis der westlichen Geschichte und den Enthüllungen von Freud und Jung liegen. Die bewundernswerten Wiederentdecker des wirklichen Individualismus im 12. Jahrhundert beschäftigten sich fast ausschließlich damit.

Aelred von Rievaulx stellte die Frage: »Wieviel weiß ein Mensch, der sich selbst nicht kennt?« Ähnlich der heilige Bernhard in einem Brief an Papst Eugenius: »Beginne damit, über dich selbst nachzudenken – nein, besser: ende damit!« Und ein Hauptwerk von Peter Abaelard trägt den Titel *Ethik oder Das Buch, genannt ›Erkenne dich selbst‹*.

Keiner von ihnen bezog sich damit auf den öden Erlebnis- und Spaß-Individualismus oder die grassierende Selbstverliebtheit unserer Zeit. Auch schöpften sie ihre Gedanken nicht aus einem ewig unwandelbaren Mythos oder den Wirtschaftswissenschaften. Für sie war das Individuum vielmehr eine Wirklichkeit in einer Gemeinschaft von Freunden innerhalb einer Gesellschaft.

Man fragt sich vielleicht, warum ich in der Betrachtung des 20. Jahrhunderts so oft auf das 12. Jahrhundert zurückgreife und noch weiter zurück, bis auf Sokrates. Ist das nicht etwas wie intellektueller Fetischismus?

Ich möchte es so erklären: Es gibt etwas in den menschlichen Beziehungen, was sich nicht verändert, und das sind die grundsätzlichen Antworten auf Fragen, die sich uns immer wieder stellen. Diese grundlegenden Entscheidungen können von materiellen Bedingungen beeinflusst sein, sie werden von ihnen aber weder beseitigt noch hervorgebracht.

Die ausschlaggebende Frage, in der bereits die späteren Alternativen erkennbar sind, stellte sich schon zur Blütezeit Athens. Es war der bleibende Gegensatz zwischen Sokrates und Plato. Sokrates: der Sprechende, der alles fragend überprüfte, besessen von der Idee des richtigen Lebens, auf der Suche nach der Wahrheit, ohne die Sicherheit, sie auch zu finden, der Demokrat, der an die guten Eigenschaften des Bürgers glaubte. Plato: der Schreibende, der Beantworter von Fragen, machtverliebt, im Besitz der Wahrheit, der Antidemokrat, der den Bürger verachtete. Sokrates, der Vater der Humanität.

Plato, der Vater der Ideologie. Seine Schwachstelle ist gleichzeitig das Geheimnis seiner anhaltenden politischen Erfolge. Er hatte es nämlich geschafft, die unausweichlichen Schicksals- und Göttersprüche mit den Denkfiguren der soeben entdeckten Vernunft zu verschmelzen.

Dieses Argument wird allerdings nicht gerade häufig vorgetragen. Der Grund dafür ist, dass Plato ziemlich viel über Sokrates geschrieben und damit sein eigenes Erscheinungsbild mit der Person des unschuldig Hingerichteten bis zur Undeutlichkeit vermengt hat. Dieses Verfahren kam nicht zuletzt seiner eigenen Philosophie zugute. So kommt es, dass uns Plato mal als Demokrat, mal als Antidemokrat erscheint. Das eine Mal finden wir ihn auf den Straßen im begeisterten Wortduell mit den Athener Bürgern, dann wieder beim Abendessen mit der Aristokratie, wo er mit seinen elitären Aussprüchen die Bürgerschaft beleidigt.

Im Endergebnis konnten die Anhänger Platos, mit all ihrem fundamentalen Glauben an eine durch hohe Intelligenz und hohe Bildung gerechtfertigte autoritäre Herrschaft, trotzdem Sokrates mehr oder weniger als einen der Ihren betrachten. Schlimmer noch: Sie führten die Verteidigungsrede und die Hinrichtung des Sokrates als Beweis dafür an, dass die Demokratie ordinär war und der Bürger verachtenswert.

Nur wer sich Zeit nahm und Mühe machte, konnte die zwei Philosophen wieder auseinanderflechten. Die sprachliche Verwirrung bleibt bestehen, weil wir die beiden nur aus den Schriften eines Autors kennen. Auf welcher Seite Sokrates aber wirklich stand, zeigen seine Taten.

Eine vor kurzem erschienene Untersuchung von Gregory Vlastos, *Sokrates: Ironiker und Moralphilosoph*[19], hat jetzt das Durcheinander vollständig aufgelöst. Das Buch ist ein Musterbeispiel für Wissenschaftlichkeit in unserer Zeit. Es bietet in der Diskussion und zum Verständnis der Grundlagen unserer

Zivilisation wichtige und wertvolle Argumente. Vlastos hat alle Sokrates betreffenden Texte untersucht und sie in drei Epochen und zehn Thesen unterteilt. Er zeigt, dass der frühe Sokrates entweder mit sich selbst in den späteren Perioden im Widerspruch liegt oder ganz einfach andere Gegenstände behandelt. Dabei wird deutlich, dass Plato, der junge, damals leicht beeindruckbare Schüler des frühen Sokrates, die Ideen seines Lehrers einigermaßen verlässlich wiedergibt. Hinsichtlich der beiden späteren Perioden zeigt sich dann aber der herangereifte Plato, der nun in Sokrates' Rolle und Kostüm schlüpft, ihn – wenn man so will – als Schaufenster für seine eigenen Ideen herrichtet.

Demnach wäre der frühe Sokrates volksverbunden, der spätere elitär. Der erstere sucht das Wissen, gibt aber zu, dass er nichts weiß; der letztere sucht das beweiskräftige Wissen und ist sicher, es zu finden. Der eine bewertet das staatliche System Athens höher als alle anderen, für den anderen rangiert die Demokratie unter den schlechtesten aller Regierungsformen. In diesem Zusammenhang wird uns in den Kapiteln II bis X der *Republik* eine tiefgestaffelte Utopie vorgestellt, ein Modell dessen, was dann zur modernen Ideologie wurde. Im ersten Kapitel aber ist davon keine Rede.

Vlastos fasst sein Ergebnis so zusammen: »Indem Plato sich ändert, wird auch die philosophische Figur seines Sokrates dahin gebracht, sich zu ändern; sie übernimmt die neuen Überzeugungen des Autors, er argumentiert zu ihren Gunsten ebenso schwungvoll, wie der frühe Sokrates der vorhergehenden Dialoge für die Ansichten argumentierte, die der Autor früher mit dem Original gemeinsam hatte.«[20]

Was hat uns das alles am Ende des 20. Jahrhunderts zu sagen? Eine ganze Menge: Es bedeutet, dass der Gedanke der Humanität, des Individualismus und der Demokratie vom ersten Jahrhundert unserer Zivilisation auf direktem, ungehindertem

Weg zu uns gelangt ist. Bei jedem neuen und erfolgreichen Ausdruck dieses Gedankens ist die Sprache sehr deutlich, wird die uneigennützige Idee des Gemeinwohls verstärkt, wird der Bürger klar als die Quelle von Recht und Herrschaft bezeichnet. Diese ethisch verantwortliche, menschenfreundliche, demokratische Entwicklungslinie ist ohne Unterbrechung über 2.500 Jahre gespannt, frei und völlig unabhängig von den später aufkommenden Allheilmitteln der Wirtschaft, der Technologie, der intellektuellen oder militärischen Eliten, um nur einige regelmäßig im Westen auftretenden Erfahrungen zu nennen.

In Sokrates' eigenen Worten: Sein Ziel ist es, unsere Lebensführung zu bestimmen, wie also jeder von uns handeln sollte, um ein gedeihliches Leben zu führen. Wie sollen wir leben? »Das größte Gut für den Menschen ist, täglich über die Tugend sich zu unterhalten.«

In der Gegenrichtung dazu gewinnen wir nun auch ein klares Bild von Plato und den Platonikern, auch sie über die Jahrtausende hinweg ein ebenso bunter Haufen. Man braucht nur die *Republik* zu lesen (ab Kapitel II natürlich) und findet die Original-Blaupause der korporatistischen Utopie, die uns heute aufgedrängt wird. Im Mittelalter wurde Platos Philosophen-König mit dem Christentum vermischt, um daraus den alleinherrschenden Monarchen hervorzubringen.[21] Und denselben elitären Philosophen-König finden wir wieder bei den Vordenkern der zeitgenössischen Neo-Konservativen. Oder, wie Vlastos es ausdrückt, das sokratische »Sage, was du denkst!« wurde bei Plato in »eine Konzeption der Gerechtigkeit als Herrschaftsinstrument« verkehrt. In Kenntnis der platonischen Vergangenheit begreifen wir jetzt das verlegene Schweigen unserer heutigen Eliten und ihre Hobbes nachempfundene Vorliebe für Gesetze, aber Gesetze als furchteinflößende Verträge, nicht zur Beförderung der Gerechtigkeit.

Der Gegensatz zwischen Sokrates und Plato ist noch in anderer Hinsicht lehrreich. Plato, der jüngere Schüler, war erbittert über die Verurteilung und Hinrichtung seines Lehrers (399 v. Chr.). Aber stellen wir doch mal eine respektlose Frage. Angenommen, Plato wäre zu diesem Zeitpunkt so alt gewesen wie der Angeklagte, also 70 Jahre, und dazu Mitglied der Jury von 501 Bürgern – wie hätte wohl er gestimmt? Ich weiß es leider auch nicht. Aber eins wissen wir: Im Alter von 70 Jahren war aus dem großen Genie Plato ein Utopien-Makler geworden, der absolute Beantworter absoluter Fragen, ein Befürworter der elitären Autorität, der sich an Ruhe und Ordnung erfreute und verächtlich auf die Bürgerrechte heruntersah, mit anderen Worten: auf die berechtigten Zweifler in einer Demokratie.

Sokrates hingegen stand in diesem Alter vor Gericht, voll Humor und Ironie, mit vielen Fragen und einer erschreckenden Bewusstheit. Er stellte eine Macht des Zweifels dar, das bedeutete in der Sicht der Utopisten: drohende Disziplinlosigkeit. Die Beweislage lässt dringend vermuten, dass Plato nur mit gewissen Schwierigkeiten einen Nicht-schuldig-Stein in die Urne gelegt hätte.

Es ist aufschlussreich, auch uns selbst einmal diese respektlose Frage zu stellen. Oder sie an jene zu richten, die uns so gern die Richtung weisen. Wie würde Allan Bloom abstimmen? Michael Oakeshott? Wer von den Anführern unserer Eliten fürchtet nicht, mit der bewussten Wahrnehmung leben zu müssen, dass er nichts weiß? Umgetrieben von dieser Angst, die ihre Sucht nach Antworten auslöst (oder »Lösungen«, wie es heute heißt) – wie hätten sie damals gestimmt?

An dieser Stelle mag es angebracht sein, zu meiner Behauptung zurückzukehren, dass Sprache heute in zwei Teile zerfallen ist, den öffentlichen und den korporatistischen Sprachbereich. Und dass die korporatistische Sprache ihrerseits in Rhetorik, Propaganda und Dialekt zerfällt, die drei ideologischen Werkzeuge zur Verhinderung von Gedankenaustausch.

Es ist nicht leicht, die beiden Ersteren auseinander zu halten. Die Rhetorik beschreibt das sichtbare Aussehen der Ideologie. Die Propaganda verkauft sie. Beide haben als Ziel die Normalisierung des Unwahren. George Bush und seine Rede zum Amtsantritt zitierte ich bereits: »Wir wissen, wie wir jedem Menschen auf dieser Erde ein gerechteres Leben in größerem Wohlstand sichern können: durch freie Märkte, freie Rede, freie Wahlen.« Ich habe gezeigt, dass sowohl die Äußerung ungenau, als auch die Reihenfolge der drei Elemente falsch ist. Und doch entströmt genau dieselbe Rhetorik hörbar und mühelos anderen Regierungen mit ganz anderen politischen Überzeugungen. Die eigentlich liberale Regierung Kanadas erläuterte, als wäre es die selbstverständliche Wahrheit, in einer Erklärung zur Außenpolitik 1995, dass »die Menschenrechte tendenziell am besten in jenen Gesellschaften geschützt sind, die offen sind für Handel, Devisenverkehr, Bevölkerungsbewegungen, Information und die Gedanken der Freiheit und Menschenwürde«.[22] Auch das ist nachweisbar ungenau. Für freien Handel, Devisenverkehr und Bevölkerungsbewegungen haben auch viele Diktaturen durchaus ein offenes Ohr. Aber wiederum beachte man vor allem die groteske Reihenfolge, bei der die Freiheit gerade noch einen Platz am Ende erwischt auf einer Liste, die doch den Schutz der Menschenrechte beschreiben soll. Auch das gehört zur gleichen Sorte Rhetorik wie die schon erwähnte Äußerung von Tony Blair, der entscheidende Kontext der Wirtschaftspolitik sei der neue globale Markt und so weiter.

Der moderne Ursprung solchen Redeschwalls ist die formalisierte Rhetorik der Jesuiten im 16. Jahrhundert. Ihr Ziel war der Gewinn von Glaubwürdigkeit durch den Eindruck intellektueller Autorität. In unserem Jahrhundert ist es nicht anders. Nur ein Beispiel: Alfredo Rocco, einer der führenden Intellektuellen in Mussolinis korporatistischer Bewegung, brachte das Argument auf, die Gesellschaft würde dank Kapitalkonzentration und Massenproduktion »nach den Erfordernissen der großen industriellen Reiche und ihrer Strukturen umgeformt werden«.[23] Nicht uninteressant: Es ist dasselbe, was nach den Worten Tony Blairs bereits geschehen ist, und passt genau zu der Rangfolge der Freiheiten bei George Bush und der kanadischen Regierung.

Rhetorik ist ein formalisiertes, traditionell übernommenes Wissen. Aber dieses Verlangen, eine intellektuelle Autorität nachzuahmen, schafft gleichzeitig ein Dunkel abstrakter Begriffe, in dem wirkliche Ereignisse verschwinden. Die Nazis gehören zu den Erfindern dieser Technik.[24] Besonders unangenehme Aufgaben erhielten gern eine Bezeichnung aus der Ingenieurs- oder Wirtschaftssprache. Die Abschaffung der politischen Parteien hieß nun »Gleichschaltung«. Die Opfer der Vernichtungslager wurden einer »Sonderbehandlung« zugeführt. Diese mechanistische Beschreibung menschlichen Handelns setzt sich in unseren Zeiten fort. Wer Mitarbeiter loswerden will, betreibt »downsizing« oder »Schrumpfung«. In Frankreich nennt man es »dégraissage«, Abspecken.

Solch empfindungslose Abstraktion ist das zwangsläufige Ergebnis einer Gesellschaft, die in Interessengruppen auseinanderfällt. Es ist tatsächlich eine der größten Schwierigkeiten für den Bürger heute, überhaupt noch einen Sinn zu erkennen in dem Sprachmaterial, das ihm als öffentliche Debatte geboten wird, in Wirklichkeit aber nichts anderes ist als formalisierte Propaganda von Interessengruppen. Es ist kaum noch möglich, in der Öffentlichkeit jemanden sprechen zu hören, der nicht der offizielle Sprecher irgendeiner Organisation ist. Wie könnten diese Wortführer jemals etwas aussprechen, das nicht im Interesse ihrer Gruppe läge? Selbst wenn wir den Vertreter einer »Denkfabrik« reden hören, so hören wir kein Denken. Wir hören Rhetorik zur Rechtfertigung ihrer Geldgeber.

Die Propaganda nun, die unmittelbar auf die Öffentlichkeit gezielte Verkaufsstrategie, ist im Grunde dasselbe wie Werbung. Man vergisst tatsächlich leicht, dass die Methoden der privatwirtschaftlichen Werbung ebenso wie die staatliche Propaganda während der 30er und 40er Jahre in Italien und Deutschland sozusagen im Gleichschritt entwickelt wurden.

»Die Masse muss nicht wissen«, war Mussolinis Meinung dazu, »sie muss glauben. . . . Wenn wir ihr allein den Glauben geben können, dass wir Berge bewegen können, wird sie uns die Illusion abnehmen, dass Berge beweglich sind, und so wird eine Illusion zur Wirklichkeit.« Immer, sagte er, solle man »elektrisierend und explosiv« sein.[25] Der Glaube steht über dem Wissen. Das Gefühl über dem Denken.

Eines der Kennzeichen der Propaganda ist der Ersatz von Sprache durch Musik und Bilder, wo immer er möglich ist. Besonders leicht geht das beim Film und im Fernsehen, wo Wörter ohnehin von drittrangiger Bedeutung sind neben dem Bild und den nicht-sprachlichen Geräuschen.

Jeder von uns kennt die unkontrollierbar befreiende oder begeisternde Wirkung der Musik. Dasselbe, was auf direktem Weg auch Bilder mit uns tun. Es sind Wirkungen, die die Sprache nur sehr selten erreicht. Ich meine damit nicht, es gäbe hohe und niedere Künste, sondern nur die unterschiedliche Verteilung ihrer Wirkungsfunktionen.

Für die Rhetorik ist die Sprache ein wesentliches Erfordernis, weil Wörter und ihre Strukturen zur Aufstellung der falschen Ausgangsdaten benutzt werden. Für die Propaganda ist Sprache ganz und gar nebensächlich. Das ist ja gerade der Witz bei der Sache. Der wirklich geschickte Propagandist arbeitet mit der Manipulation durch Bilder und Töne. Diese Kunstformen können vielleicht nur schwer einen intellektuellen Inhalt ausdrücken, aber sie vermitteln Emotionen. Liebe, Religion, Nationalstolz und Patriotismus können so verherrlicht werden. Sie können aber auch dazu missbraucht werden, das Denken auszuschalten. Das wusste man schon immer. Das Neuartige am modernen Propagandisten ist jedoch, dass er heute als Experte der Massenmedien mit Bildern und Geräuschen nur noch Emotionen weckt, die der Selbsterkenntnis im Wege stehen.

Seltsam: Die ernste Musik – eine Kunst, die in der Vergangenheit den wahren Zauber einer unzensierten Befreiung erzeugte – entwickelte sich in der zweiten Hälfte des 20. Jahrhunderts zu einer vertrockneten, mechanisch-mathematischen Konstruktion. Von ein paar bemerkenswerten Ausnahmen abgesehen, ist die engagierte Förderung der zeitgenössischen Musik heute eine unumschränkte Domäne der Propagandisten.

Die zwei Strömungen, die wir jetzt als politische Propaganda einerseits und Wirtschaftswerbung andererseits bezeichnen, flossen zum ersten Mal zusammen bei Leni Riefenstahl. Mit ihrem Film *Triumph des Willens* feierte sie den Parteitag der Nationalsozialisten von 1934. Ihre Kameraführung und das Ineinander von Bildern und Musik ließen dem Film nicht einmal mehr ein Minimum an bewusster Aussage. Die Zuschauer kamen, sahen und glaubten. Die Werbung für Coca Cola oder Calvin-Klein-Unterwäsche verwendet heute unmittelbar dasselbe Verfahren, ebenso die Inszenierung der meisten politischen Großereignisse. Man wird diesem Argument vielleicht entgegenhalten, das sei doch alles bloß Reklame, was dann wohl so viel heißt wie: Was kann man schon anderes erwarten, und im Übrigen kann man ja auch wegsehen. Das wäre aber leider ein recht naiver Standpunkt. Die Kosten einer Werbekampagne liegen um ein Vielfaches höher als die laufenden Programmkosten. Mit dem Geld für einen 20-Sekunden-Spot von McDonald's im Fernsehen könnte man mühelos mehrere Stunden Programm finanzieren. Als reiner Kostenfaktor betrachtet, ist der Aufwand für eine Zeitungsnachricht ein Bruchteil des Betrags, der für eine Zeitungsanzeige bezahlt werden muss. Der Zweck ist also Propaganda. Die Inhalte sind Kinkerlitzchen oder schmückendes Zubehör.

Das wäre alles unerheblich, wäre die Propaganda nicht die Verneinung der Sprache. Sie zerstört die Erinnerung und raubt uns damit den Sinn für die Wirklichkeit.

Ich habe eigentlich keine Lust, das schlechte Image des Fernsehens meinerseits noch tiefer einzuschwärzen. Aber die typischen Merkmale von Werbung und Propaganda passen dem Medium nun mal wie angegossen. Der Strom der Bilder und Geräusche überflutet jede Bedeutung. Es mag seriöse Fernsehprogramme geben, aber sie sind nicht das naturgemäße Produkt dieses Systems.

Im April 1995 gab Präsident Clinton seine vierte Pressekonferenz – nach einer Pause von acht Monaten. Viele waren schockiert, dass sie nur von einer der drei großen Fernsehstationen übertragen wurde. Die zwei anderen zogen weiter ihre Seifenopern durch. Es war nicht mehr so wie früher, als noch jeder Sender seine kommerzielle Werbung unterbrach, um den Menschen etwas mitzuteilen, was sicher im gemeinsamen öffentlichen Interesse lag.

Präsident Clinton und seine Mitteilung sozusagen auszublenden, war tatsächlich ein Schritt der aktuellen Entwicklung. In einer korporatistischen Gesellschaft zählen nur noch Eigen- und Spezialinteressen. Aber möglicherweise findet das Fernsehen damit ja seine wahre Rolle. Einige Monate vor Clintons Pressekonferenz wurden in einer Meinungsumfrage die Herausgeber amerikanischer Zeitschriften nach den wichtigsten Ereignissen des Jahres befragt. An erster Stelle stand der O.-J.-Simpson-Prozess. An dritter Stelle der Streik der Eishockeyspieler. Auf den fünften Rang kam der heftige Streit um eine Eiskunstlauffigur. Wieder waren viele von dieser Rangliste schockiert. Aber was war sie anderes als die passende Ausdrucksform für ein Land, das besonders hilflos von Propaganda abhängig ist, das heißt vom Fernsehen? Und wird diese Aussage nicht auch noch bekräftigt dadurch, dass die Vereinigten Staaten heute das schlechteste öffentliche Schulsystem der westlichen Welt haben?

Ein funktionierendes staatliches Schulwesen hoher Qualität für die ersten zwölf Jahre der Ausbildung ist die Voraussetzung für eine Demokratie, in der die Legitimität beim Bürger liegt. Auf den ersten Blick sieht der Satz aus wie mit altväterlich erhobenem Zeigefinger gesprochen. Aber ein Blick auf die Wirklichkeit, nicht nur in den Vereinigten Staaten, sondern im ganzen Westen, zeigt uns, dass wir uns von diesem einfachen Grundsatz eines guten öffentlichen Schulwesens entfernen. Und auch damit untergraben wir die Demokratie.

Warum passiert uns das? Wegen der Geldknappheit, sagen die Theoretiker. Aber in den Disziplinen, die für die korporatistischen Eliten attraktiv sind, herrscht keine Geldknappheit. Während aus dem staatlichen Schulwesen Geld abgepumpt und in die bevorzugten Felder der weiterführenden Schulen eingespeist wird, sinkt tatsächlich die Qualität des Schulwesens, und immer mehr Eltern wählen statt der staatlichen lieber eine Privatschule mit höheren Ansprüchen. Mit dem Rückzug ihrer Kinder aus dem öffentlichen Schulwesen ziehen sie gleichzeitig ihre Verantwortung für das Schulsystem ab und verschärfen damit diese Mittelverschiebung. Ich weiß natürlich, dass die Finanzverwaltung der Grundschulen und die der höheren Privatschulen komplizierte und zudem zwei verschiedene Angelegenheiten sind. Und doch: Was man aus einigem Abstand beobachten kann, ist die Verschiebung von Interesse, Verantwortungsgefühl und finanzieller Ausstattung.

Die entscheidende Bedeutung des öffentlichen Erziehungswesens ist längst kein Geheimnis mehr. Robert Owen, Unternehmer und Sozialreformer in der Frühzeit der industriellen
Revolution in England, sagte vom Schulwesen, es sei »das
mächtigste Werkzeug des Guten, das je in die Hände des Menschen gelegt wurde«.[26] Er konnte in seiner Musterfabrik auch
beweisen, dass man hohe Gewinne machen und gleichzeitig
Schulen finanzieren kann. Sogar Adam Smith meint, dass
»zum Beispiel die Verschiedenheit zwischen zwei auffallend
unähnlichen Berufen, einem Philosophen und einem gewöhn-
lichen Lastenträger, weniger aus Veranlagung als aus Lebens-
weise, Gewohnheit, und Erziehung« entstanden ist.[27] Trotzdem sind seine heutigen Anhänger die Ersten, die die öffentliche Verpflichtung zu einer guten Grundschulerziehung zurücknehmen möchten. Ihr zentrales Thema dreht sich um
»Qualität«, was bei ihnen aber nichts anderes heißt als dies: vor-
dringlich das Elitensystem durch das Schulsystem hindurch
mit dem besten Nachwuchs zu beliefern. Es ist das übliche Verfahren einer korporatistischen Hierarchie.

Es gibt jedoch überraschende Hinweise darauf, dass die
Schaffung der besterzogenen Elite der Welt einem Land nicht
unbedingt nützen muss. Die beiden Staaten des Westens, die
darauf die größte Mühe verwandten, Großbritannien und die
Vereinigten Staaten, haben auch die dauerhaftesten und ausge-
dehntesten Sozial- und Wirtschaftsprobleme.

Soweit sich überhaupt wieder eine Beachtung des öffentlichen Schulwesens verzeichnen lässt, ist sie zum großen Teil
darauf gerichtet, die Erziehung mit den Erfordernissen des Arbeitsmarkts in Einklang zu bringen. Dieser scheinbar praktische Ansatz ist eine Illusion. Die konzentrierte Beschäftigung
mit Technologie, mit Computern zum Beispiel, wird einfach
nur Schulabgänger mit veraltetem Wissen produzieren. Die
Frage ist doch nicht: Wie unterrichten wir die in einer dahinra-

senden Technologie-Entwicklung nötigen Fähigkeiten? Sondern: Wie bringen wir den Schülern das Denken bei? Wie geben wir ihnen die Denk-Werkzeuge an die Hand, mit denen sie auf die unzähligen – auch technischen – Veränderungen reagieren können, vor die sie in den kommenden Jahrzehnten unausweichlich gestellt werden? Außerdem wird diese Harmonisierung von Ausbildung und Arbeitsmarkt von einer Schicht öffentlicher und privater Manager angeführt. Der Ursprung der gesellschaftlichen Krise ist jedoch gerade das Überangebot an Managern, ein toter Ballast, den die übrigen Wirtschaftssubjekte mitschleppen müssen. Und die Manager, jene Torwächter des Korporatismus, hofieren die Hochschulen, die unser Wissen in immer engere Spezialisierungen zerlegen.

Diejenigen unter uns, die an den Nutzen von Universitäten glauben, sollten ihre Kritik an ihnen keineswegs zurückhalten, auch nicht aus Furcht, ihnen in einer Zeit der Krise in den Rücken zu fallen. Das wäre eine falsche Freundschaft. Die Hochschulen sind heute großenteils zu Handlangern des korporatistischen Systems geworden. Und zwar nicht nur durch die akademische Spezialisierung und ihren undurchdringlichen Jargon, die inzwischen der Regierung und der Industrie zur Verschleierung ihrer Taten dienen.

Der weit schlimmere Vorwurf lautet vielmehr: Große Bereiche der Hochschulerziehung haben heute ihren umfassenderen Bildungsauftrag verraten. Wenn die Universitäten unfähig werden, die Tradition der Humanität als Hauptbestandteil ihrer höchst verengten Spezialisierungen zu unterrichten, dann sind sie in der Tat auf das tiefste Niveau mittelalterlicher Scholastik herabgesunken. Die Notwendigkeit, sich über den engen Blickwinkel des Selbstinteresses zu erheben, war schon immer ein Streitpunkt zwischen Schriftstellern und Gesellschaft. Bereits Dante wirft den Eliten von Florenz vor, sie seien »all zu erpicht auf den Erwerb von Geld«.[28] Oder nehmen wir Jonathan Swift, der die Akademiker verspottet wegen ihrer zwanghaften Neigung zu abstrakten Theorien, die eigentlich zu funktionieren hätten. In der Akademie von Laputa besucht Gulliver die Professoren, die Sonnenschein, den sie aus Gurken gewonnen haben, in Flaschen abfüllen, und kommt sodann in einen weiteren Raum, in dem es erbärmlich stinkt. Hier arbeitet

»der älteste Gelehrte der Akademie. . . . Seit seinem Eintritt in die Akademie hatte er sich mit Verfahren beschäftigt, menschliches Exkrement in die ursprüngliche Nahrung zurückzuführen, indem er die Bestandteile voneinander trennte, die Färbung, die es durch die Galle erhält, beseitigte, den Geruch ausdünsten ließ und den Speichel abschäumte. Er erhielt von der Gesellschaft eine Wochenration menschlichen Kots in einem Gefäß, das ungefähr die Größe eines Bristol-Fasses hatte.«[29]

Das erinnert an die Arbeiten der Chicago School of Economics über das natürliche Gleichgewicht der Marktmechanismen. Aus irgendeinem Grund kommen sie einfach nicht ins Gleichgewicht. Aber diese Professoren erhalten immerhin eine großzügigere Zuteilung als nur ein Bristol-Fass Kot und bleiben wundersamerweise – wenn so ein Bildwechsel erlaubt ist – die jungfräulichen Vestalinnen des überlieferten Wissens. Das Haupterschwernis in diesem Zusammenhang ist eine akademische Gemeinschaft, die die Eliten nicht darin ausbildet, sich über den eingeengten Blickwinkel des Eigeninteresses zu erheben. Sie kann es nicht, weil sie bereits selbst in jene verengten Sichtweisen und Eigeninteressen abgesunken ist, die sich in einer Welt berufsmäßiger Korporationen so leicht ergeben.

Das Problem ist besonders auffallend in den Wirtschaftswissenschaften, die mehr als andere zu der sich ausbreitenden Lethargie beigetragen haben. Warum? Weil sie immer noch unter der Belastung stöhnen, eine falsche Wissenschaft zu sein.

Ihre Experimente liefern keinen messbaren Fortschritt nach Art der wirklichen Wissenschaft. In Ermangelung klarer Beweise sehen sie sich gezwungen, zum Handeln der Menschen erdrückende Datenmengen anzuhäufen – nichts davon beweist, kaum etwas veranschaulicht etwas. In diesem Material steckt keine Kraft, weder Geschichte noch Kreativität. Es besteht nur aus Hinweisen und Indizien. Und soll durch seine schiere Masse den Eindruck von Beweiskraft erwecken. Ob das Material nun glaubhaft vorgetragen ist oder nicht: In jedem Fall wird es zur Grundlage theoretisch verankerter Messungen – eine neue soziale Wahrheit ist damit theoretisch aufgestellt. Dieser Eindruck von Wissen führt den Wissenschaftler in die Apathie. Er behauptet zwar noch, Wahrheiten zu produzieren, aber sie sind zu hinfällig, um etwas anderes als Untätigkeit hervorzubringen.

Vielleicht sind die politischen Wissenschaften das größte Opfer dieses Vorgangs, aber die Folgen der wirtschaftswissenschaftlichen »Wahrheiten« sind erheblich bedeutsamer. »Der Sklave von Pedanten zu sein«, sagte Michael Bakunin, »was für ein Schicksal für die Menschheit!«

Ist dieser unablässige Drang in die Enge unvermeidlich? Erfordert unser Besitz an immer mehr Informationspartikeln die Zerstückelung unserer Erziehung? Kann sie denn funktionieren? Bringt sie wirklich Wissen hervor? Verständnis? Oder produziert diese Einengung der Selbstbetrachtung nur das, was Kierkegaard »verächtliche Erbitterung« nannte?

Die Antwort der Aufklärung auf die Schulgelehrten jener Zeit lautete: Ihre Selbstbetrachtung funktioniert nicht, ein Wandel ist nötig. Mit diesem Wandel war eine Rückkehr zu einem Bild von Humanität mit größerer Offenheit für die Wirklichkeit verbunden. Das Ergebnis war ein Sprung vorwärts an Kreativität, Bereicherung der Sprache und Verbreitung des Wissens.

Unsere Antwort jedoch ähnelt einer Rückkehr zur Methode der Schulgelehrten, und so ist es kaum überraschend, wie glatt und fugenlos sich unsere Universitäten in die Strukturen des Korporatismus einpassen. Jeder Beruf hat sein Kästchen, und jeder spielt seine eng umschriebene Rolle. Schon in den 30er und 40er Jahren hatten Deutschland und Italien unter diesem Missstand zu leiden. Die Mehrheit der akademischen Führung beeilte sich, mit den neuen antidemokratischen Machthabern zu kollaborieren, und lieferte die zur intellektuellen Stützung der korporatistischen Machtphilosophie nötigen Schriftstücke.

Ich will damit nicht sagen, unsere heutigen Universitäten seien voller Heideggers in Nazi-Uniformen. Aber das sage ich: Wir stehen im Angesicht einer Krise der Sprache und der Verständigung. Die Krise wird durch die Universitäten nicht gemildert, sondern verschärft. Obschon die Hochschulen eigentlich die Zentren einer tatkräftigen öffentlichen Kritik sein sollten, haben sie sich sorgsam unter den schützenden Schleier ihrer eigenen Körperschaften zurückgezogen. Wir stehen vor einer Krise der Erinnerung, da wir die Grundlage der Humanität verloren haben. Die Universitäten sollten eigentlich diese Humanität bewahren, stattdessen arrangieren sie sich zwanghaft mit den Kräften des Marktes und jagen weiter ihren Schubladen-Definitionen nach, als wären die ein Schutzzauber gegen Aberglauben und Vorurteil. Aber wenn in einer Gesellschaft die Experten nur noch ihr Spezialgebiet vertreten und sich mit anderen Experten um Fachbegriffe duellieren, dann wird die Begriffsdefinition ein Instrument der Machtausübung: Die Suche nach Einsicht und Überblick wird ersetzt durch ein alles verschlingendes Labyrinth von Richtungsangaben.

Merkwürdige Randphänomene, etwa die gegenwärtige »political correctness«, werden üblicherweise als Angriffe auf die Forschungs- und Redefreiheit dargestellt. Bei genauerem Hinsehen müsste man sie jedoch als nur einen weiteren Aspekt jener verwickelten Zweikämpfe um die Macht innerhalb der akademischen Korporationen beschreiben.

Die Anpassung des Erziehungswesens an den Marktmechanismus mag ja in gewissen Situationen ganz nützlich sein. Aber im Großen und Ganzen findet die Auseinandersetzung in der Wirtschafts- und Management-Ausbildung statt, in Instituten also, die überhaupt nicht zum universitären Bereich gehören. Es wäre bei weitem wirkungsvoller, wenn die Industrie sie gleich als eigene Nachwuchsförderung bezahlen und leiten würde.

Das korporatistische Verfahren geht an dem einfachen, aber entscheidenden Auftrag jeder Universität vorbei: das Denken zu lehren. Ein Student, der sein Diplom nur mit einem Haufen mechanischer Begriffe schafft, hat keine Erziehung erhalten. Er wird nur mit Schwierigkeiten seine Aufgabe als Bürger seiner Gesellschaft erfüllen können. Allgemeiner gesagt: Die Schwächung der Geisteswissenschaften zugunsten der schneller verwertbaren Spezialfächer ruiniert die Befähigung der Universität, das Denken zu lehren.

Ich möchte ein letztes Mal zu Sokrates zurückkehren, und zwar zu seinem Lob des Lebens als Selbstprüfung. Der berühmte Ausspruch steht im vierten Absatz seiner Rede nach der Verurteilung. Hier das Zitat im Zusammenhang:

»Vielleicht aber wird einer sagen: Also still und ruhig, Sokrates, wirst du nicht imstande sein, nach deiner Verweisung zu leben? Das ist nun wohl am allerschwersten manchem von euch begreiflich zu machen. Denn wenn ich sage, ... es wäre mir unmöglich, mich ruhig zu verhalten: so werdet ihr mir nicht glauben, als meinte ich etwas anderes als ich sage. Und wenn ich wiederum sage, daß ja eben dies das größte Gut für den Menschen ist, täglich über die Tugend sich zu unterhalten und über die anderen Gegenstände, über welche ihr mich reden und mich selbst und andere prüfen hört, ein Leben ohne Selbsterforschung aber gar nicht verdient, gelebt zu werden, das werdet ihr mir noch weniger glauben, wenn ich es sage. Aber gewiß verhält sich dies so, wie ich es vortrage, ihr Männer.«[30]

Dem kann ich nur noch hinzufügen: So verhält es sich tatsächlich.

— III —

Vom Korporatismus zur Demokratie

Die wirkungsvollste Macht, die der einzelne Bürger besitzt, ist seine eigene Regierung. Genauer ausgedrückt: Regierungen, denn diese Macht kann er auf mehreren Ebenen ausüben.

Das einzelne Individuum hat keinen anderen großen und durchstrukturierten Apparat, den es sein Eigen nennen könnte. Zwar gibt es andere Organisationen, aber diese setzen den Bürger auf den Rang eines Untergebenen herab. Eine Regierung ist der einzige organisierte Apparat, der jenes hohe Niveau an interessefreiem Miteinander ermöglicht, das Gemeinwohl heißt. Ohne dieses umfassendere Interesse schrumpft das Individuum zu einem geringeren, niederen und von unmittelbaren Bedürfnissen eingeschränkten Lebewesen. Dann ist es anderen, stärkeren Mächten unterworfen, die zwangsläufig in die Leere eindringen, die der Verfall des Gemeinwohls hinterlassen hat. Diese Mächte füllen das Vakuum mit ganz anderen leitenden Interessen, die nur ihren eigenen Zielen dienen, nicht den höheren Zielen der Bürgerschaft. Es wäre naiv, ihnen die Besetzung eines längst verlassenen Terrains vorzuwerfen.

Nun reden die einen über Individualismus, als wäre er ein Ersatz für die Regierung. Und andere sehen in ihm einen Feind der Regierung.

Ich beginne meine Antwort mit dem Selbstverständlichen. Wir sind mehr als einer. Wir sind mehr als eine Familie. Wir sind mehr als mehrere Familien. Wir sind Dutzende von Millionen. Also leben wir in Gesellschaften.

Im Westen ist es ein paar Jahrtausende her, dass einer noch außerhalb einer Gesellschaft leben konnte, von einigen ungewöhnlichen und vorübergehenden Gelegenheiten abgesehen.

Eine solche Gelegenheit war zum Beispiel die Eroberung des amerikanischen Westens, im guten wie im schlechten Sinn, und sie stand auch nur kurzzeitig einer kleinen Zahl von Menschen offen. In Kanada dagegen wurde der Westen im Rahmen der intakten Sozialstrukturen erobert. Vielleicht können noch einige wenige in einer arktischen Forschungsstation so gut wie allein leben. Aber das sind ein paar Hundert von uns Millionen.

So lebt also das Individuum in einer Gesellschaft. Das ist sogar das Hauptcharakteristikum des Individualismus. Die Frage ist jetzt nur: Wie sieht diese Gesellschaft aus? Ich habe schon gezeigt, dass die Form der Gesellschaft von der Quelle der Legitimität abhängt. Dafür existieren vier Möglichkeiten: ein Gott, ein König, Gruppen oder die als Gesamtheit tätigen individuellen Bürger.

Wie könnte demnach ein Individuum jemals an die Stelle einer Regierung treten? In einer Demokratie gibt es nun mal eine Regierung. Dieser Mythos des selbstherrlichen, ungebundenen Individuums ist romantische Phantasterei, und – ich wiederhole mich – solche Romantik ist eine Komplizin der Ideologie.

Individuen konkurrieren nicht mit großen Unternehmen, sie besiegen keine Armeen. Wie kann man also erwarten, sie würden je eine Regierung ersetzen? Ich will damit sagen, wir werden immer Regierungen haben, so wie wir sie immer hatten. An dieser Stelle wird dann meist gefragt: Gut, aber welche

Sorte Regierung? Wieviel Regierung? Ich dagegen meine, die wichtigste Frage ist: Wessen Regierung? Wenn die Individuen nicht ihre rechtmäßige Stellung halten, wird sie von anderen besetzt werden: von einem Gott oder einem König oder einer Koalition aus Interessengruppen. Wenn Bürger die Macht, die ihnen von Rechts wegen zusteht, nicht wirklich ausüben, dann tun es andere.

Von den Fürsprechern des Individualismus als Alternative sagen auch viele, die Regierung sollte aus bestimmten Lebensbereichen überhaupt und in aller Form herausgehalten werden. Ganz oben auf ihrer Ausschlussliste stehen die öffentlichen Dienstleistungsunternehmen. Manche würden die Regierung am liebsten auf die minimierte Beschäftigung mit Gewalttaten einschränken – innere Gewalt (Strafgesetze und Kriminalität) und äußere Gewalt (Verteidigung und Außenpolitik).

Die Bürgerschaft müsste sich eigentlich fragen, weshalb sie ihrer einzigen Macht künstliche Schranken setzen sollte. Die Macht, die wir uns selbst versagen, geht irgendwo anders hin. Und doch gibt es keine andere Rechts- und Machtquelle, die einer interessefreien Uneigennützigkeit fähig wäre. Sobald die Bürgerschaft in irgendeinem Bereich ihrem eigenen Ausschluss zustimmt, schließt sie zwangsläufig die Möglichkeit aus, dass in diesem Bereich das Gemeinwohl noch ein Wort mitzureden hätte.

Ich erwähnte eingangs noch die anderen, für die das Individuum der Feind der Regierung ist. Sie sind überzeugt, dass die Regierungsgewalt längst einer der drei anderen Machtpositionen in die Hände gefallen ist.

Nicht wenige Bürger, die in der Regierung ihren Gegner sehen, konzentrieren sich fast ausschließlich auf die Bürokratie des Verwaltungsapparats. Sie glauben, dass die Bürokratie die Macht an sich gerissen hat. Diese Angst ist sehr wohl berechtigt und enthält eine Menge Wahrheit. Wer aber das Problem auf diesem Weg angeht (Regierung heißt Bürokratie und die Bürokratie ist der Gegner, also ist die Regierung der Gegner), der verfehlt das Wesentliche und öffnet weit Schlimmerem die Tür.

Die scheinbar logische Ableitung ist nichts anderes als der klassische Trugschluss des fehlenden Mittelbegriffs. Seine Logik ist so beschädigt, dass sogar die mittelalterlichen Schulgelehrten ihn als böses Beispiel abstrakter Syllogistik abgelehnt hätten, obwohl er ganz ihrem Stil entspricht. Es ist auch nicht gerade sinnvoll, sich über die möglicherweise fragwürdigen Absichten der Bürokraten Sorgen zu machen. Die meisten von ihnen sehen sich selbst als durchaus wohlmeinend, als Staatsdiener im vollen Wortsinn. Das Problem liegt auch nicht darin, dass die Bürokratie etwa so angeschwollen wäre, dass sie unkontrollierbar sei. Das 20. Jahrhundert hat allenthalben derart rasende Aufblähungen von Management-Systemen erlebt. Unser gesamtes Bildungssystem bezweckt die Erzeugung von Managern aller möglichen Spielarten. Auch das Regierungsmanagement, allerdings aber ebenso das Wirtschaftsleben, ist von einer kopflastigen Bürokratie beherrscht. Ich bin der Ansicht, dass der Ballast an Managern in der Privatwirtschaft erheblich größer ist als in der staatlichen Verwaltung. Ich bin der Ansicht, dass in den letzten 20 Jahren eine Hauptursache für die Unfähigkeit der Privatwirtschaft, sich wieder zu beleben, sich neu zu erfinden, der Mangel an Kreativität ist, den uns die Führung durch Manager (statt durch die Eigentümer) beschert hat. Eine weitere Ursache sind die für den produzierenden Unterbau viel zu hohen Kosten des Manager-Überbaus. Die Manager drücken durch ihr schieres Gewicht der Wirtschaft die Luft ab.

Die Gegner der Regierung sind also entweder naiv oder unaufrichtig, wenn sie uns erzählen, die Gesellschaft würde bei einer schlankeren Regierung neue Kraft gewinnen. Die freiwerdende Verantwortung würde nämlich nur auf eine ebenso schwerfällige, wenn nicht noch trägere private Bürokratie übergehen. Außerdem: Indem diese Leute den Staatsdienst dämonisieren, vernebeln sie den Bürger als Quelle der Legitimität und das Gemeinwohl, das nur diese Bürgerrechte hervorbringen. Manche werden geradezu fanatisch in ihrem Hass auf die Regierung und vergessen, dass es ihre eigene Regierung ist, die einzige öffentliche Macht, mit der sie selbst etwas bewegen können.

Das ist es, was die Argumente der Neo-Konservativen und der Verfechter des freien Marktes so unehrlich macht. Die Verteufelung des staatlichen Bereichs ist bemerkenswert erfolgreich und hat dazu geführt, dass Teile der Bürgerschaft gegen ihre eigenen Einrichtungen marschieren. Mancher von uns ist bereits abgeworben für Spezialinteressen ohne einen Gedanken an das öffentliche Wohl. Unser Wohl. Stattdessen wird der Bürger herabgestuft auf den Status eines Untertans am Fuß des inthronisierten freien Marktes.

Ein kurzer Satz von Damid Hume drückt das Herzstück dieser Argumentation aus: »Nichts ist sicherer, als daß Menschen, zum großen Teil, von Interessen beherrscht werden.«[1] Heute geht die Tendenz dahin, die einschränkende Ergänzung – »zum großen Teil« – fallenzulassen und den Rest des Satzes aus seinem Zusammenhang zu reißen, um damit zu dokumentieren, das Gemeinwohl sei nur ein Hirngespinst und das Eigeninteresse müsse an die Macht. Und das Eigeninteresse, sagt man jetzt, werde durch das freie Spiel der Kräfte bestens bedient.

Das ist es jedoch nicht, was Hume sagte oder meinte. Zugegeben, er war, was die Eigenschaften des Menschen betrifft, von einer gewissen Skepsis. Und er glaubte sicher auch an »die zivilisierende Kraft des Handels, der damals Westeuropa eine neue Gestalt gab«.[2] Aber er dachte auch darüber nach, wie eine Zivilisation am besten die schädlichen Wirkungen der Eigeninteressen in Schranken halten könnte. Oder, wie sein Biograph Nicholas Phillipson es ausdrückt:

»Das gesamte philosophische und historische Schaffen Humes sollte dem Ziel dienen, Männer und Frauen zu lehren, das Glück in einer Welt des gemeinsamen Lebens zu suchen, nicht in einem jenseitigen Leben, und ihren Pflichten den Mitbürgern gegenüber mehr Aufmerksamkeit zu schenken als einem Gott des Aberglaubens.«[3]

Heute ist Gott durch einen anderen Aberglauben ersetzt, die Ideologie des Marktes. Möglicherweise hat Hume den Freihandel bewundert. Als Gottheit hat er ihn nicht gesehen.

Aber selbst wenn wir die Hume-Interpretation der Markttheoretiker für bare Münze nehmen: Warum in aller Welt sollte sie den Bürger dazu bringen, seine Regierung zugunsten des privaten Sektors aufzugeben? Wenn der Mensch schon von Interessen beherrscht ist, dann werden doch die wenigen Erfolgreichen keinerlei Verpflichtung spüren, sich auch noch um die übrigen 99 Prozent zu kümmern, die auf den verschiedenen Stufen unter ihnen stehen.

Adam Smith war sich völlig im Klaren, wie die begüterten Schichten – er nannte sie die »Herren« – in ihrem eigenen Interesse handeln, wenn man sie lässt:

»Unter Unternehmern besteht immer und überall eine Art stillschweigendes, aber dauerhaftes und gleichbleibendes Einvernehmen, den Lohn nicht über den jeweils geltenden Satz zu erhöhen. Ein Verstoß gegen dieses Einverständnis ist ein äußerst unfreundlicher Akt, der für den Unternehmer eine Schande in den Augen seiner Nachbarn und Gleichgesinnten ist. Tatsächlich hören wir selten etwas von solchen Absprachen, ganz einfach deshalb, weil sie zu den üblichen, ja sozusagen natürlichen Dingen im Leben gehören, über die niemand je spricht. Mitunter finden sich Unternehmer auch zusammen, um die Löhne sogar unter das bestehende Niveau zu senken. Diese Absprache geschieht bis zum Zeitpunkt der Ausführung stets in aller Stille und möglichst heimlich.«[4]

Zur Erinnerung: Es ist Adam Smith, der hier spricht, nicht Karl Marx.

Was er hier beschreibt, kommt manchem sicher bekannt vor. Das heutige Argument für Lohnsenkungen geht dahin, dass im globalisierten Wettbewerb hohe Löhne selbstzerstörerisch seien. Smith jedoch schrieb diese Haltung der Herren dem reinen Eigeninteresse zu: »Tatsächlich führen hohe Gewinne weit eher zu einem Preisanstieg als hohe Löhne.«[5]

Was ich mit alldem sagen will: Individuum und Regierung sind durch eine Arterie miteinander verbunden. Wenn wir diese Arterie durchschneiden, indem wir die zentrale Bedeutung einer Regierung bekämpfen oder ersetzen, sind wir keine Individuen mehr und sinken zurück auf die Stufe des Untertans. Wenn die Demokratie scheitert, dann ist letztlich das freie Individuum gescheitert, nicht der Politiker. Der Politiker findet immer eine neue Stelle in einem neuen Machtarrangement – man braucht sich nur die wachsende Vorliebe der gewählten Amtsträger für die Interessen der Privatwirtschaft anzusehen.

Ich befürchte, dass wir großenteils schon damit beschäftigt sind, unsere eigenen Adern aufzuschneiden, nicht nur am Handgelenk: an der Kehle. Dass wir uns derart leichtfertig und einfältig verhalten, liegt vor allem daran, dass wir uns von unseren eigenen Eliten haben einreden lassen, die demokratische Regierungsform sei ein Nebenprodukt des freien Marktes. Wenn also das herrschende System und seine Manager, unterstützt durch die Weihrauchschwinger in den Wirtschaftsfakultäten des Westens und das wuchernde Gedröhn der beflissenen neo-konservativen Hofschranzen – wenn all diese Leute und Institutionen auch nur andeuten, dass jetzt alles anders werden muss, dann, ja dann neigen wir hochachtungsvoll das Haupt.

Ich möchte nun aber doch einmal den Kopf heben, hoch

genug für einen weitergehenden Blick auf die wahren Ursprünge von Demokratie und Individualismus. Die Anfänge der Humanität und der Redefreiheit im antiken Athen erwähnte ich bereits. Ich sprach auch schon kurz von der Renaissance im 12. Jahrhundert, die uns die geistige Befreiung des modernen Individuums aus seiner Untertanenstellung brachte.

Der Vorgang ergriff weite Teile der Gesellschaft. Im kirchlichen Bereich etwa verbreitete sich nun die individuelle Ohrenbeichte. In dem Jahrtausend zuvor wurden Sünden eher selten gebeichtet, und wenn, dann nur als Bekenntnis der gesamten Gemeinde. Der Priester war der mächtige, der einzige Mittler zwischen Gott und der Menschheit. Jetzt aber ging plötzlich der Einzelne zur Beichte, und das immer öfter. Jetzt erkannte die Kirche nicht nur an, dass der Einzelne sündigen konnte, sondern auch, dass jeder Mann und jede Frau ein Recht hatte auf individuelle Sündenvergebung. Das Bemerkenswerte daran: Ausschlaggebend war nun nicht mehr die priesterliche Absolution, sondern die automatische Vergebung durch Gott selbst, sofern der Sünder nur aufrichtig bereute – aber das spielte sich natürlich zwischen ihm und Gott ab. Sobald einmal die Bedeutung der individuellen Reue anerkannt war, verlor der Priester seine grundsätzliche Autorität über die bisherigen Untertanen.[6] Die innere Einstellung, die eigene Denkweise war damit zum Prinzip erhoben, und dies förderte wesentlich die Entfaltung von Individualismus und Demokratie. Die eigene Denkweise ist eine Form der Selbsterkenntnis.

Ebenfalls im 12. Jahrhundert kamen nun auch vermehrt persönliche Porträts zum Vorschein, das heißt Gemälde, die den Menschen nicht mehr bloß mit dem stereotypen Zubehör seiner sozialen Schicht abbildeten. Und zum ersten Mal signierten die Künstler ihre Werke. Sie waren nun Individuen, keine Funktionäre mehr, sondern verantwortlich für jede anschaulich gemachte Sichtweise. Es entstand das Geschworenenge-richt: Die Bürger übernahmen damit ihre Verantwortung für das gesprochene Recht, und das Gewicht ihrer Stimme zählte. Das war ein gewaltiger Schritt weg von der direkten Demokra-tie (das heißt der Justiz des Pöbels), weg von einer autoritären oder sachfremden Rechtsprechung, bei der die Urteilsfindung in den Händen von Experten und Machthabern lag.[7] In den Dörfern wählten die Bürger ihre eigenen Amtsinhaber, erlie-ßen ihre eigenen Bestimmungen und führten sie selbstständig durch. In den Städten entwickelten sich Innungen und Gil-den, Verbände und Genossenschaften. Wie in den Dörfern waren auch die Mitglieder dieser Organisationen untereinan-der gleichrangig. Gleichberechtigt in Abstimmungen und in der Verwaltung ihrer Angelegenheiten.[8] Diese Genossenschaf-ten hatten keinerlei Ähnlichkeit mit den hierarchischen Inte-ressengruppen, die der Korporatismus im 19. und Anfang des 20. Jahrhunderts zu schaffen versuchte und die heute so viel Macht ausüben.

Die ursprünglichen Gilden führten zu einer Steigerung der öffentlichen Dienstleistungen. Santa Maria della Scala, das Krankenhaus im Zentrum von Siena in Norditalien, ist seit dem 11. Jahrhundert ununterbrochen in Betrieb. Es war ein Werk von Bürgervereinen für das Gemeinwohl der Stadt.

Ein paar Jahre später schrieb Johannes von Paris, der »natürli-che Instinkt« (»instinctus naturalis«) bringe die Bürger dazu, Genossenschaften zu bilden, aus denen sich dann der Staat auf-baue.[9]

Im 12. Jahrhundert erläuterte Aelred von Rievaulx die drei Arten der Liebe: die Selbst-, die Nächsten- und die Gottes-liebe. Diese drei, »obwohl offenbar verschieden, schmiegen sich so erstaunlich ineinander, dass man nicht nur jede ein-zelne in allen dreien und alle drei in jeder einzelnen findet, son-dern auch, dass wenn man eine hat, alle drei hat, und wenn eine fehlt, alle fehlen.«[10] Man beachte, dass die drei Arten der Liebe nichts zu tun haben mit Glaube, Hoffnung und Liebe, also den von der Hierarchie der Kirche anerkannten Standardeigenschaften eines Gläubigen. Man beachte überdies, dass Glaube und Hoffnung passive Eigenschaften waren. Glaube und Hoffnung des wahren Christen drückten das aus, was er durch die Kraft Gottes empfangen sollte. Aber auch die christliche Liebe blieb eher passiv für die übergroße Mehrheit der Menschen, die in ihrer Lage selten mehr tun konnten, als moralische, ethische und praktische Gefälligkeiten der Eliten entgegenzunehmen.

In derselben Epoche blühte auch die Liebesdichtung auf und pries die Verbindung eines Mannes mit einer Frau. Gleichzeitig wurde die Satire wiedergeboren, dieses unverzichtbare Werkzeug des Individualisten.

Aber schließlich begann die Renaissance des 12. Jahrhunderts zu wanken vor dem Ansturm einer Bürokratie aus katholischen Rechtsgelehrten, die im Dienst einer Neuorganisation des Papsttums standen. Monarchen und ihre Verwandten beraubten die Bürger ihrer Rechte, um das Königreich als Zentralinstanz zu festigen. In der bürgerlichen Humanität machte sich eine gewisse Verbitterung breit, insbesondere gegen die berufsmäßigen Karrieristen, die Experten-Höflinge ihrer Zeit.

Und doch war die Bewegung der Humanität keineswegs abgestorben. Die Magna Charta im 13. Jahrhundert leistete erheblich mehr, als nur die Macht der Barone gegenüber dem König zu stärken. In ihrem Artikel 39 bestimmte sie ausdrücklich, dass »kein freier Mensch« ohne Gesetz und Urteil von irgendeiner Obrigkeit »zu Schaden gebracht werden« darf. Mit der Zeit wandelte sich der Begriff »kein freier Mensch« zu »kein Mensch« (so in den Statuten Edwards III. von 1331), schließlich zu »kein Mensch, welchen Standes oder Ranges auch immer« (im Jahr 1334).

Der gewitzte Thomas von Aquin stellte dann zwei Daseins-bereiche nebeneinander: das Natürliche und das Übernatürli-che, und das meinte auch den weltlichen Bürger neben dem gläubigen Christen. Das Natürliche wurde durch die aktiven griechischen Tugenden bestimmt, also durch Gerechtigkeit, Mäßigung, Klugheit und Tapferkeit, das Übernatürliche durch die passiven katholischen Tugenden Glaube, Hoffnung und Liebe. Damit konnte nun der individuelle Bürger am poli-tischen Leben teilnehmen, ohne gleich jedesmal von christli-chen Forderungen oder Hypothesen erdrückt zu werden.

Nur wenige Jahre später erklärte Dante in seiner *Monarchia,* dass sich die gesittete Gesellschaft allein auf die Menschen als ihre Mitglieder gründet, und Marsilius von Padua sagte es so: »Indem sie in ihrer Gesamtheit als Gemeinschaft der Bürger handeln, besitzen sie jetzt Souveränität, da nur sie als Träger der ursprünglichen Gewalt gelten.«[11]

Danach musste diese geistige Bewegung eine Zeitlang etwas zurückstecken, kam aber im 16. Jahrhundert durch die Bibelübersetzungen wieder zu neuem Leben. Mit ihnen wurde eine machtvolle Sprache den kirchlichen Autoritäten entwunden und in die Hände des Individuums gegeben. Ein Flügel dieses humanistischen Wandels wurde von Erasmus von Rotterdam angeführt, ein anderer durch die Renaissance in Italien. Der nächste Rückschlag kam mit der Reformation und ihrer Wiedereinsetzung der Obrigkeit. Das Ergebnis war ein wachsender Pessimismus, eine Passivität angesichts der Vorherbestimmtheit des Lebens durch die Prädestinations-lehre. Fast zur gleichen Zeit fachten Ignatius von Loyola und die Jesuiten die Gegenreformation an, verfolgten radikal ihre Zwecke und erschütterten damit Humanität und Individualis-mus.

Aber dann, Mitte des 17. Jahrhunderts, kam die Revolution in England. Mit ihr trat ein völlig neuer Menschenschlag in den Vordergrund, da Cromwell nicht vom großen Geld oder den alten Familien unterstützt wurde, sondern von den freien Kleinbauern und dem niederen Adel. Gegen Ende des Jahrhunderts verfiel auch die Vorstellung einer Hölle und ihrem angedrohten ewigen Feuer, was zu dem Gedanken führte, dass die große Mehrheit ein Anrecht auf den Himmel habe. Und dies wiederum führte zu den verschiedenen Modellen der Demokratie.

Es ist sicher aufgefallen, dass in der geschilderten Entwicklung an keiner Stelle die Rolle der Wirtschaft erwähnt wurde, von den alles bestimmenden Kräften des freien Marktes ganz zu schweigen. Ganz einfach deshalb, weil es eine solche Rolle nirgends gab. Ebenso wenig wie im Zeitalter der Aufklärung.

Ganz allgemein haben sich Demokratie und Individualismus sogar trotz und oft im Gegensatz zu bestimmten Wirtschaftsinteressen weiterentwickelt. Beide Konzepte gründen sich auf finanziellen Verzicht, nicht auf Gewinn. Schon in Athen waren viele der 7.000 Bürger, die regelmäßig an den Versammlungen teilnahmen, Bauern, die jedesmal mehrere Tage Arbeit daransetzten, um in die Stadt zu gehen, zuzuhören und selbst zu sprechen.

Wie kommt es dann aber dazu, dass wir jemanden wie den Wirtschaftswissenschaftler Milton Friedman überhaupt ernst nehmen, der, wo er geht und steht, auf dümmliche, man muss sogar sagen: infantile Weise Demokratie und Kapitalismus gleichsetzt?

Ich befürchte, die Antwort lautet wenigstens teilweise so: Zum großen Teil ist in unserem Jahrhundert die traditionelle antidemokratische Betrachtungsweise hinter einer Vielzahl von Masken ein gutes Stück vorangekommen. Mussolini fand seine Geldgeber in den großen Industrie-Unternehmen, denen er versprach, wenn er einmal an der Macht sei, werde er die Demokratie abschaffen, um Italien in eine blühende

Landschaft und die Regierung in eine schlagkräftige Organisation umzuformen. Émile Durkheim, ein Mitbegründer der Soziologie, hatte bereits die mustergültige Struktur des Korporatismus dargestellt, in der die Interessengruppen und der Staat ineinander aufgehen. »Die Herrschaft der Korporation sichert dem Staat eine ehrerbietige Bürgerschaft … und macht ihn damit frei zu einer Regierung auf der Grundlage der ›Moral selbst … und nicht der Mißbildung, die sie durch ihre Einpassung in die Tagesgeschäfte erleidet, die sie nur unvollkommen zum Ausdruck bringen können‹, weil sie ›auf das Niveau menschlicher Mittelmäßigkeit reduziert‹ sind.«[12]

Tagesgeschäfte, menschliche Mittelmäßigkeit – das bezieht sich hier auf die Demokratie.

Michael Oakeshott, der neo-konservative Pate, schüttete zuerst bittere Verachtung über die Demokratie aus, bevor er dann Ideologie und Rationalität herunterputzte zugunsten des gesunden Menschenverstands und praktischer Erfahrungen. Aber als er sich der Wirtschaftswissenschaft zuwandte, wurde er schlagartig bekehrt zu etwas, was ich bloß noch einen rationalen Ideologen nennen kann, der das Wirtschaftsgeschehen als wissenschaftliche Abstraktion ansieht, unabhängig von der Wirklichkeit einer menschlichen Gesellschaft. Das hört sich dann so an:

»Die Wirtschaftswissenschaft ist der Versuch, nicht menschliche Sehnsüchte oder menschliches Verhalten, sondern das Phänomen Preis zu generalisieren. Und je vollständiger sie die spezifisch menschliche Welt hinter sich lässt, umso vollständiger wirft sie die Terminologie ab, die diese Welt nahe legt, umso unzweideutiger wird sie ihren Charakter als Wissenschaft konstituieren.«[13]

Die gesellschaftliche Ordnung soll demnach auf den Erfahrungen von Menschen aufbauen, nur dann – unerklärlicherweise – nicht, wenn es um die Wirtschaft geht. Die Wirtschaftswissenschaften sollen als akademische, absolute Wahrheit gelten.

Ein paar Dutzend andere Theoretiker des Korporatismus und der Marktfreiheit schufteten so dahin während der 30er, 40er und 50er Jahre. Mihaïl Manoïlesco, Alfredo Rocco, Friedrich von Hayek. Was sie verbindet, ist eine religiöse Verehrung des Freihandels und die Unfähigkeit, die Regierung als die nachweisbare Macht des Bürgers anzusehen. Ihre Unfähigkeit, das menschliche Wesen überhaupt anders zu sehen als von Interessen getrieben, macht es ihnen unmöglich, sich die tatkräftig organisierte, interessefreie Gemeinsamkeit vorzustellen, die wir Gemeinwohl nennen.

Es scheint, als hätte die industrielle Revolution eine schwere Gehirnverletzung verursacht, die nicht verheilen will, und bei gewissen Leuten das Erinnerungsvermögen auslöscht. In ihren Augen beginnt die Geschichte der Moderne mit einem Urknall – der industriellen Revolution. Es ist das typisch ideologische Vorgehen: Ein Stern fliegt durch den Himmel, ein Meteor explodiert, und die Geschichte fängt wieder bei Null an.

Das endet dann damit, dass renommierte Management-Experten heute erklären, »der Fürsorge-Staat ist ein totaler Fehlschlag«.[14]

Also das ist er nun wirklich nicht. Er tut eine ganze Menge, und vieles davon macht er sehr gut. Sicher, in jüngster Zeit ergeben sich einige ernste Schwierigkeiten, verursacht zum Teil von der Führung durch Manager und zum Teil von zu vielen und immer mehr Veränderungen über einen zu langen Zeitraum hinweg. Man muss auch hinzufügen, dass noch keiner die Fürsorge des Staates anders als ziemlich begrenzt erlebt hat. Wir sollten nicht übertreiben.

Aber was bedeutet dieser Wunsch, alles zu zerstören, statt an Abstützung oder Reparatur wenigstens zu denken? Er bedeutet eine Ideologie. Wer die wundersame Vision einer Welt in sich trägt, die in sieben Tagen oder, wie im vorliegenden

Fall, seit der industriellen Revolution geschaffen wurde, der verlangt den totalen Abbruch, um sein eigenes Modell aufstellen zu können. Im Innersten dieses Modells, marktorientiert oder korporatistisch, steckt als Herzstück das Interesse, die Verleugnung jeglicher interessefreien Uneigennützigkeit.

Was ich hier beschreibe, ist nichts Neues. Ich habe bereits Dante erwähnt und seine scharfe Kritik der Eliten des 13. Jahrhunderts, die »all zu erpicht auf den Erwerb von Geld« waren. 1993 hielt der Chef des französischen Geheimdienstes DGSE vor den versammelten Agenten seine Abschiedsrede. Nach seinen Worten war die gefährlichste Situation, mit der sie zu tun hatten, »die beispiellose Jagd nach Geld in all seinen Formen« und die »Korruption der Eliten«. »Die herrschende Klasse in Politik und Wirtschaft«, sagte er, »behandelt Geld so, als hätte es keinen Geruch«, wodurch saubere mit kriminellen Geschäften vermengt werden.[15] Für einen Staatsbeamten geht dieses Urteil überraschend weit, aber es war ja auch sein letzter Tag im Amt. Dennoch gibt er kein überraschendes Bild einer Gesellschaft, die nur noch an das Eigeninteresse glaubt.

Aber auch wenn der Korporatismus die Gesellschaft auf ihr reines Selbstinteresse zu verkleinern sucht, so richtet er doch mehr an als nur dies. Wenn ich auf alte und neuere Definitionen und Absichtserklärungen des Korporatismus zurückblicke, staune ich immer wieder, wie nahe wir ihnen inzwischen schon sind.

Da ist zuerst einmal die laufend wiederholte Vermengung von Industrialisierung gleich Kapitalismus gleich Korporatismus. Eine Verfilzung, die jeden Wirtschaftswissenschaftler zum Wahnsinn treiben müsste; aber das geschieht nicht, denn alle drei Begriffe, bequem und biegsam, passen recht gut zusammen. Alle drei sind auf das Interesse ausgerichtet. Angeblich geht es jedesmal um Fragen von Organisation und Kapital.

Erinnern wir uns: Die Entstehung des Korporatismus in der zweiten Hälfte des 19. Jahrhunderts hat zwei Wurzeln; es sind die Ablehnung einer Demokratie der Bürger und der Wunsch nach einer dauerhaften Antwort auf die industrielle Revolution. Diese ursprünglichen Motive entwickeln sich dann zur Forderung einer festgefügten, hierarchischen, managergeführten Gesellschaft.

Und nun schlagen wir noch einmal bei Émile Durkheim nach. Die Körperschaften, sagt er, sollen die »elementare Unterteilung des Staates, die grundlegende politische Einheit« werden. Sie »beseitigen die Unterscheidung zwischen öffentlich und privat [und] zerlegen die demokratische Bürgerschaft in voneinander getrennte, funktionale Gruppierungen, die nicht länger zu gemeinsamem politischen Handeln fähig sind«.[16]

Das hört sich wie obskurer Unsinn an. Aber denken wir nur einmal an unsere eigene Gesellschaft. Wie werden die wirklichen Entscheidungen getroffen? Durch Verhandlungen zwischen den spezialisierten Interessengruppen. Sie sind tatsächlich die grundlegenden politischen Einheiten. Sie setzen sich zusammen aus Bürgern, die in ihnen emporkommen, Verantwortung und Erfolg erringen. Und wie steht es mit der Unterscheidung zwischen öffentlich und privat? Der Grundsatz der gegenseitigen Nichteinmischung hat sich in Luft aufgelöst. Regierungsaufgaben gleiten in die Privatwirtschaft ab. Dafür übernimmt die Regierung die Maßstäbe und Verfahren eines Privatunternehmens. Und wo bleiben die einzelnen Individuen, jene 30 bis 50 Prozent der Bevölkerung, die, im weitesten Sinne, als Manager anzusprechen sind? Sie sind aller politischen Kraft beraubt, weil ihr Beruf, ihr Arbeitsvertrag und allgemein das Klima der Gruppenloyalität es ihnen unmöglich machen, am öffentlichen Leben teilzunehmen.

Jetzt betrachten wir dazu die drei Hauptziele der korporatistischen Bewegung in Deutschland, Italien und Frankreich in den 20er Jahren. Sie wurden von denselben Leuten aufgestellt, die sich später als tragende Teile der faschistischen Epoche erwiesen:

1. die Verschiebung der Macht hin zur Wirtschaft und zu gesellschaftlichen Interessengruppen,
2. verstärkte unternehmerische Initiative in bisher staatlichen Organisationen vorbehaltenen Bereichen und
3. die Beseitigung der Trennungslinie zwischen privatem und öffentlichem Interesse (und das heißt: die Kampfansage an das öffentliche Interesse).[17]

Es klingt wie das offizielle Programm der meisten westlichen Regierungen unserer Tage. Und dann kam da noch Philippe Schmitter, der 1974 einen Aufsatz mit dem Titel *Ist das noch das Jahrhundert des Korporatismus?* veröffentlichte.[18] Der Artikel war die Initialzündung für ganze Heerscharen von Akademikern und ihre Studien dessen, was sie »Neo-Korporatismus« nannten. Mit vereinten Kräften brachten sie nun die Legitimierung eines Korporatismus in Gang, der nach 1945 für jeden denkenden Menschen inakzeptabel geworden war.

Im Zentrum von Schmitters Theorie steht der Begriff der »Interessen-Vertretung«. Ihre Grundlage ist die Annahme »der Erosion, des Zusammenbruchs der liberalen Demokratie«.

Schmitter und seine Kollegen glaubten anscheinend, dieser neue Korporatismus hätte ein Abkommen zwischen der Regierung und der Privatwirtschaft zum Inhalt. Möglicherweise sahen sie in ihm etwas Ähnliches wie das, was die Engländer in den 70er Jahren versuchten, als sich Gewerkschaften, Unternehmer und Regierung zu einer gründlichen Aussprache an einen Tisch setzten. Gelegentlich – nun aber auf Grund eines Missverständnisses oder als bewusste Falschdarstellung – nahmen diese Fürsprecher Schweden als Beispiel, wo man dasselbe mit größerem Erfolg unternommen hatte. Zwei Dinge sahen sie jedoch nicht: die wachsende Isolierung der in immer kleinere Blöcke zerschlagenen Experten- und Interessengruppen und das Einreißen von Grenzlinien, das aus dem Korporatismus eine internationale Angelegenheit machte, bei der Regierungen und Arbeitnehmer mehr und mehr zu schwachen Mitspielern wurden.

Das Kuriose bei dieser allgegenwärtigen Akademiker-Schar ist ihre unaufhörlich diskutierte Gegenüberstellung von »Staats-Korporatismus« (den sie nur als Diktatur sehen können) und »Gesellschafts-Korporatismus«, den sie in höchsten Tönen loben, da er dem einzelnen Bürger ja nur einige seiner demokratischen Rechte wegnimmt. Gar nicht erst diskutiert wird die Frage, ob es dem Bürger und der Demokratie gut tut, auch nur ein Stück ihrer Macht zu verlieren. Oder ob die Demokratie überhaupt genug Macht besitzt.

Ein Merkmal des Korporatismus ist wirklich erstaunlich: seine starke Überlebensfähigkeit. Was wir hier heute erleben, ist seit gut hundert Jahren sein vierter oder fünfter Versuch, die Macht zu übernehmen. Jedesmal wurde er zurückgeschlagen, wie zuletzt im Zweiten Weltkrieg, und jedesmal taucht er wieder auf, gestärkt und mit einem anderen Design.

Auch die Rolle des korporatistischen Chefs erscheint in neuem Gewand. Man sehe sich nur einmal den Führer der Neo-Faschisten Gianfranco Fini an, eine Schlüsselfigur der italienischen Politik. Er legt Wert darauf, in seinem wohlgekleideten Äußeren wie der Direktor einer Handelsbank aufzutreten. Oder auch der Führer der österreichischen Neo-Faschisten Jörg Haider, der heute bei Nationalratswahlen 25 Prozent aller Stimmen gewinnt. Er hat sich mit der selbstgeschaffenen Aura eines Filmstars umgeben. Aber das sind eigentlich nur Details im neuerlichen Aufstieg des Korporatismus. Schließlich ist das System überall das gleiche im Westen, wo ganz und gar normale Parteipolitiker die Macht innehaben.

Die große, nie ausgesprochene Frage ist jedoch die: Warum wurde die Bevölkerung in keinem Fall gefragt, ob sie den Korporatismus wählen möchte? Ganz zu schweigen davon, ob sie ihn jemals verlangt hat. Er kriecht einfach heran und wächst uns über den Kopf, jeden Tag ein bisschen weiter.

Als Bismarck, in der zweiten Hälfte des letzten Jahrhunderts, deutscher Reichkanzler war, spielte er den Korporatismus in aller Härte durch und drohte damit den demokratisch gewählten Abgeordneten des Reichstags. Er ließ sogar durchblicken, dass er, um das Regierungssystem zu ändern, bis zum Staatsstreich gehen könnte.[19] Das politische Klima, das er hinterließ, schwächte den Reichstag beträchtlich, sowohl damals als auch später, bis nach dem Ersten Weltkrieg.

Man könnte sagen, wir erleben augenblicklich einen Staatsstreich in Zeitlupe. Die Demokratie verliert an Kraft (dieser Feststellung werden nur wenige widersprechen). Der Korporatismus gewinnt an Stärke und Einfluss (man braucht nur die Augen zu öffnen und sich umzusehen). Und doch hat niemand von uns diesen Weg für unsere Gesellschaft gewählt, obwohl ihn unsere Eliten hochzufrieden immer weiter beschreiten.

Mussolini hatte gesagt, »die Freiheit war gut für Höhlenbewohner, aber die Zivilisation ist eine fortschreitende Verminderung der persönlichen Freiheit«.[20] Er hatte das Gefühl eines »wissenden Irren«, eines »idiot savant«, für das 20. Jahrhundert in seinem tiefsten Niedergang.

Dass der Korporatismus eine konformistische Gesellschaft hervorbringt, ist gewiss. Er ist die zeitgemäße Form des mittelalterlichen Feudalsystems ohne die Vorteile der frühen Gilden und Zünfte, in denen Verantwortung, Verpflichtungen und Regeln noch eine Bedeutung hatten. Es ist kaum überraschend, dass Japan, Korea oder Singapur in einem derartigen Klima gedeihen. Sie sehen dem perfekten korporatistischen Staat oder der wohlwollenden Diktatur ziemlich ähnlich.

Was uns im Westen betrifft: Wir kehren wieder in unsere Rolle des gläubigen Kirchenuntertans zurück. Wir quälen uns wieder mit der Frage ab (die uns seit dem 6. Jahrhundert, seit Gregor dem Großen nicht verlässt), ob man einer Obrigkeit auch dann gehorchen soll, wenn ihr Gebot gegen das Gesetz verstößt.

An unseren Versuchen in den letzten 50 Jahren, mit dieser Frage zurechtzukommen, lässt sich das allmähliche Vordringen des ausgesprochen modernen Korporatismus ablesen. Ungeheuren Spielraum erhielt die Frage kurz nach dem Zweiten Weltkrieg, als in den Nürnberger Prozessen deutsche Offiziere und hohe Staatsbeamte wegen ihres Befehlsgehorsams angeklagt und verurteilt wurden. Auch heute sind wir wieder eingedeckt mit Prozessen und Untersuchungen, die sich um die Frage drehen: Soll man einem Befehl gehorchen oder nicht? Was tun, wenn im staatlichen Gesundheitssystem verseuchtes Blut verwendet wird? Was, wenn ein Auto oder ein Flugzeug eine fehlerhafte Komponente enthält?

Wir sind alle, so gut wie ausnahmslos, Angestellte irgendeiner staatlichen oder privaten Körperschaft. Vor Gericht kommen immer mehr Angestellte mit einem Freispruch davon. Warum? Weil unsere Gesellschaft immer seltener die soziale Verantwortung als höchste Verpflichtung des Einzelnen anerkennt. Seine höchste Verpflichtung ist seine Gruppenloyalität. Es ist, wie Jung es beschrieben hat, »das sanfte und schmerzlose Abgleiten ins Kinderland, in die Elternobhut«. Warum ist das so? Deshalb: »Die Massenbewegungen rutschen, wie zu erwarten, am ehesten auf einer schiefen Ebene, welche durch die große Zahl dargestellt wird; wo viele sind, da ist man in Sicherheit; was die vielen glauben, muß wohl wahr sein.«[21]

Wenn wir Massengesellschaft sagen, denken wir gewöhnlich in den Begriffen von Marx oder der modernen Kommunikationstechniken. Aber es gibt kaum eine stärker kontrollierte

Masse als die korporatistische Gesellschaft. Schon Max Weber, neben Durkheim der andere Mitbegründer der Soziologie und des neuzeitlichen Korporatismus, sagte die Ankunft einer Welt effizienter Manager voraus, allesamt für präzise Problemlösungen geschult.

Natürlich hat es immer schon auch eine andere Sichtweise gegeben. Flaubert nannte die »Sucht nach Ergebnissen« »einen der nutzlosesten und unergiebigsten Triebe der Menschheit«.[22] Für ihn war diese Haltung, heute das wohl begehrteste Abzeichen eines Managers, ein minderer Ausdruck religiöser Überzeugung. Wer die Wahrheit besitzt, hat alle Antworten.

Täglich sind wir mit dieser Tatsache konfrontiert. Kernkraft-Experten zum Beispiel schieben die Probleme ihrer Technik »extremen Umweltgruppen« in die Schuhe, ein raffiniertes Spiel mit der »Angst« der Menschen vor dem »Unbekannten«.[23] Sie gehen schlicht und einfach von der Annahme aus, das Publikum verstehe ohnehin nicht genügend davon und jede Mühe, ihm etwas zu erklären, wäre reine Zeitverschwendung.

In den letzten Jahren hat sich Mexiko eine ganz neue Schicht solcher Manager angeschafft, fast alle mit einer Ausbildung in den Vereinigten Staaten. Man nennt sie »los perfumados«, die Parfümierten. Ihre Aufgabe war das radikale Modernisierungsprogramm des Landes. Als Ende 1994 erst der Peso, dann die gesamte Wirtschaft zusammenbrach, waren daran wohl diese Manager schuld, wenigstens zum Teil. Aber die Korporatisten bewiesen Loyalität und Linientreue. Jeffrey Garten, der Unterstaatssekretär im amerikanischen Handelsministerium, gab öffentlich bekannt, die Manager hätten sein volles Vertrauen (kein Wunder: Die Vereinigten Staaten zahlen in dieser Krise ja die Rechnung). Die in den USA ausgebildeten Technokraten, sagte er, seien »eine der wichtigsten Verbindungen zwischen den Vereinigten Staaten und Wirtschaftsgruppen in praktisch allen lateinamerikanischen Ländern. Unter keinen Umständen kann das etwas anderes sein als ein großer Vorteil.«[24]

Seltsam: Das ist fast wörtlich dasselbe, was Feldmarschall Sir William Robertson, der Generalstabschef des Britischen Empire, am Ende des Ersten Weltkriegs über die Stabsoffiziere der Alliierten sagte. Gerade sie aber waren im Urteil der meisten Soldaten und Offiziere im Feld verantwortlich für das verlängerte Hinschlachten ganzer Armeen, hatten sich höchster Inkompetenz schuldig gemacht.

Um einem Missverständnis vorzubeugen: Hier geht es nicht einfach um Links gegen Rechts. Der Korporatismus überschreitet politische Grenzlinien. Die offiziellen Stimmen, die nach Reformen rufen, gehören ebenso dazu wie die Verlautbarungen der Rechten. Man nehme als Beispiel nur den Versuch der eher »linken« amerikanischen Liberalen, ein ordentliches Gesundheitssystem einzuführen. Da wählte das Volk zuerst einen Präsidenten mit einem entsprechenden Reformprogramm als Kernaussage seiner Kampagne. Kaum war er an der Macht, da näherte er sich schon den damit befassten Eliten, und zusammen präsentierten sie ein Vorsorgesystem, wie es sich ein Technokrat nur im Alptraum ausdenkt. Nicht einmal seine Befürworter fanden sich darin noch zurecht. Als der Präsident das Projekt zur Diskussion stellte, wurde es mit einer einzigen Handbewegung vom Tisch gefegt.

Wie und warum konnte so etwas passieren? Vor allem deshalb, weil der ganze Ansatz der Reform derart korporatistisch ausgefallen war, so technokratisch unübersichtlich, dass die meisten, sogar die eigenen Gefolgsleute, unfähig waren, in die Debatte einzugreifen.

Aber am Ende der Affäre steht eine andere, größere Frage. Ein amerikanischer Präsident wurde gewählt, um etwas Bestimmtes zu tun. Er wurde daran gehindert, aber nicht durch das Parlament, sondern durch das korporatistische System. Dürfen wir von so einem Land noch sagen, es sei eine funktionierende Demokratie?

Wir können der Frage genauer nachgehen und die Auswirkungen des Korporatismus auf die gewählen Vertreter des Volkes untersuchen.

Die korporatistische Überzeugung, die Gewählten seien lediglich Interessenvertreter, hat sie dahin gebracht, dass sie nun unmittelbaren Druck auf die Politiker ausüben. Das Ergebnis ist eine ganz erstaunliche Zunahme von Lobbyisten-Gruppen. Ihr einziger Lebenszweck ist die Bekehrung gewählter Abgeordneten und höherer Beamter zum konkreten Anliegen der Interessenvertretung. Mit anderen Worten: Es ist das Geschäft des Lobbyisten, die Volksvertreter soweit zu korrumpieren, dass sie das Gemeinwohl preisgeben.

Das kann kurzfristig oder auf lange Sicht geschehen, durch die Einzahlung auf ein privates Bankkonto, ein Gratis-Wochenende auf einer Insel oder das augenzwinkernde Versprechen einer Stelle im Aufsichtsrat bei der Pensionierung. Nachdem die Korruption einmal grundsätzlich erlaubt wurde, zeigte sich erst die Unerschöpflichkeit ihrer Mittel und Wege, wie an vielerlei Regierungen, auch der kanadischen, zu sehen ist. 1996 gerieten in England die konservativen Unterhausabgeordneten in helle Aufregung, da sie nun möglicherweise offenlegen müssen, wieviel sie als »parlamentarische Berater« nebenbei verdienen. Es droht ihnen sogar ein Verbot ihrer weiteren Tätigkeit als bezahlte Agenten für Lobbyistengruppen. Und in anderen Ländern geht es wohl kaum anders zu als in England.

Gelegentlich wird eine neue Regierung mit einem Programm der »sauberen Hände« ins Amt gewählt. Aber dann stellt sich bald heraus, dass dieselben Politiker vorher durchaus die Hand aufgehalten haben. Beispiele dafür sind die jüngsten

Regierungsparteien in Italien oder die Gaullisten in Frankreich.

Ich will damit nicht beweisen, dass Politiker korrupt sind. Die Beispiele sollen vielmehr folgendes verdeutlichen: Das Unbehagen an unserem Staat hat seine Ursache in der langfristigen Aushöhlung des repräsentativen Systems durch das korporatistische System. Die Gewählten wissen, dass ihnen die Macht von anderen aus den Händen genommen wird. Ihre Enttäuschung verführt sie dazu, aus der Situation – möglichst schonend ausgedrückt – wenigstens das Beste für sich selbst herauszuholen. Sie lassen sich in einem viel tieferen Sinn verderben als nur mit Geld.

Cromwell hatte gesagt, »der König wurde nicht geköpft, weil er König war, auch die Lords wurden nicht abgeschafft, weil sie Lords waren ... sondern weil sie das ihnen gegebene Vertrauen nicht in die Tat umgesetzt haben«. Sie hatten sich lieber mit einer großen Gruppe von Kapitalgebern in London verbündet, die Kredite vergaben für Titel und Privilegien.[25]

Geradezu jede Politikfigur, die in den letzten zehn Jahren in irgendeinem Kino- oder Fernsehfilm vorkam, war käuflich, zynisch, korrupt und ein Opportunist, wenn nicht noch Schlimmeres. Es ist nebensächlich, ob diese Drehbuch-Rollen wirklichkeitsgetreu oder übertrieben sind. In jedem Fall ist das korporatistische System der Gewinner: sei es direkt durch die Korruption, sei es indirekt, indem durch solche Bilder der Respekt des Bürgers für seine Repräsentanten beschädigt wird.

Und trotz alledem hat sich kein westliches Parlament – von Nebenaktionen abgesehen – tatkräftig mit diesem Problem befasst. Aus der Innensicht des Systems scheint es, als könne man allenfalls ein paar Kleinigkeiten der Korruption besser regeln, sagen wir: eine registrierte Liste der Lobbyisten, die Offenlegung gezahlter Summen oder Ähnliches. Von außen gesehen erscheint jedoch das gesamte System unerträglich, und die Bevölkerung verliert über dem Warten auf einen grundlegenden Wandel jedes Vertrauen. Dasselbe könnte man aber auch von der großen Mehrheit der Gewählten selbst sagen. Die meisten von ihnen sind nicht verdorbener als der durchschnittliche Wähler, und ihnen bietet ein so entwürdigender Zustand wenig Lustgewinn. Aber das System insgesamt scheint unfähig, sich aus den Fangarmen der Interessenvertretung zu befreien, die von Korporatisten wie Schmitter so sehr bewundert wird.

Und obwohl das alles so ist, liefern Regierungen weiterhin eine ganze Reihe von Dienstleistungen. Sie waren in der Vergangenheit und sind in der Gegenwart auf lange Sicht besser als alles, was die Privatwirtschaft liefert. Unser tägliches Leben ist voll von diesen Diensten. Sie funktionieren so gut, dass wir sie kaum bemerken.

Nun aber sind die Regierungen eifrig dabei, es dem freien Markt nachzutun und sich zu einem Gebilde umzuformen, das betriebswirtschaftlichen Erfordernissen genügt. Es ist aber nicht klar, was das bei öffentlichen Dienstleistungen heißt. Der eingebaute Denkfehler lässt sich an sehr einfachen Dingen erkennen. Da ist zum Beispiel die gegenwärtige Tendenz, den Bürger als Kunden der Regierung zu betrachten. Er ist jetzt der Kunde der Polizei. Der Kunde der Feuerwehr, im Gesundheitsamt. Aber wir sind da keine Kunden. Wir sind da nicht in einem Laden und überlegen, was uns gefallen könnte. Wir kaufen nicht etwas und gehen damit nach Hause. Wir sind noch nicht einmal Kunden mit langfristigen Wartungsverträgen (wobei »langfristig« in der privaten Wirtschaft gar nicht so lang ist). Wir sind die Eigentümer all dieser öffentlichen Dienste. Unsere Beziehung zu ihnen beruht nicht auf einem Kaufvertrag, dem Austausch von Geld und Leistung, sondern auf Verantwortung. Noch mehr: Wir sind nicht nur keine Kunden der öffentlich Bediensteten, wir sind sogar ihre Arbeitgeber. Ich denke, wenn das mit dieser betriebswirtschaftlichen Terminologie so manisch weitergeht, müssten wir den Bürger genauer als Aktieninhaber bezeichnen. Aber selbst das wäre nicht richtig, weil wir erstens unsere Aktien weder kaufen noch verkaufen können (sie hängen vielmehr lebenslänglich an uns), und weil wir sie, zweitens, nicht deshalb besitzen, um eine Rendite zu erzielen.

Diese allmähliche Verschiebung im Sprachgebrauch der Bürokratie verdeutlicht, dass das korporatistische System grundsätzlich ohne Ziel und Richtung vorgeht. Sobald sich das Management um seiner selbst willen festgesetzt hat, springt die Organisation richtungslos hin und her – und zwar jede – folgt mal dem einen Expertensystem, dann einem ganz anderen, ganz besessen von Problemlösungen, ohne je ein Problem als solches anzugehen. Und von der Sucht, die Sache unter Kontrolle zu haben. In allen Dingen geht es immer zuerst darum, nicht die Kontrolle über sie zu verlieren. Dabei sind Überwachung oder Kontrolle, genau wie Effizienz, eine zweit- oder gar drittrangige Angelegenheit, sie rangieren weit hinter Zielen und Absichten und – nicht zu vergessen – Effektivität. Auch Léon Courville, Präsident der kanadischen Nationalbank, ist der Meinung, das Hauptziel des Managers sei die Beseitigung von Unsicherheit.[26] Dass Unsicherheit das Wesensmerkmal jeder erfolgreichen Tätigkeit ist, hat er dabei vergessen. Er und seine Kollegen sind besessen von der panischen Angst vor Fehlern, da die hierarchische Pyramide grundsätzlich die Möglichkeit, Fehler zu machen, verbietet. Dem Management geht es um Systeme und Quantifizierung, und nicht um Menschen und ihre Ziele.

Robert McNamara hat ein dickes Buch geschrieben, das eigentlich die Fehlleistungen des Autors im Vietnam-Krieg behandelt. Aber gleich zu Anfang hält er sich damit auf, von

Quantifizierung wie von einer Offenbarung zu reden. »Bis heute betrachte ich die Quantifizierung als eine Sprache zu dem Zweck, einer vernünftigen Erfassung der Welt Genauigkeit hinzuzufügen.«[27] Angesichts seiner aktenkundigen Leichensack-Zählerei, um nur diese Statistik zu erwähnen, hätte ich erwartet, dass er mit etwas Überlegung einen solchen Satz ein wenig entschärft. Aber die Quantifizierungsmanie hat nun mal eine gewisse Tendenz, am Ende im Aberglauben zu landen.

Dem Nachweis seiner Missgriffe zum Trotz bleibt McNamara in mancher Hinsicht der Topstar der Systemfanatiker. Auf dem Höhepunkt des Vietnam-Kriegs hielt er eine Rede über die Glaubensartikel des Systems und seine Anhänger:

»Das unzureichende Management [der Gesellschaft ist] die wahre Bedrohung der Demokratie. ... Die Wirklichkeit nicht ausreichend zu managen [heißt,] Habgier ... Gewaltbereitschaft ... Hass ... Unwissenheit ... Trägheit ... [oder] irgendetwas anderes als Vernunft [die Wirklichkeit formen zu lassen]. Wenn nicht die Vernunft den Menschen lenkt, dann verfehlt er sein Leistungspotential.«[28]

Das Schlüsselwort hier ist »lenkt«. Der Mensch muss einfach gelenkt werden. Das ist die Ansicht von Hobbes, der Standpunkt der Korporatisten. Ohne Lenkung oder Kontrolle wird der Mensch angeblich wahnsinnig.

Kurze Zeit danach wechselte er vom Pentagon zur Weltbank, um dasselbe System dort einzuführen. Dort war er maßgeblich daran beteiligt, die Schuldenkrise der Dritten Welt zu produzieren. Ein paar Jahre vorher hatte er schon verkündet: »Das Verteidigungsministerium zu leiten ist nichts anderes, als die Ford-Werke zu leiten oder – warum nicht – die Katholische Kirche.«[29] Eine schönere Zusammenfassung der korporatistischen Denkstruktur ist nicht leicht zu finden. McNamaras eigene Karriere allerdings ist ein sprechender Beweis für die Unwahrheit seiner Worte.

Nun lohnt es sich aber nicht, ihn zu verteufeln. Er ist selbst nur ein großer, verhängnisvoller Unglücksfall innerhalb eines viel größeren verhängnisvollen Systems. Auch McNamaras großes Vorbild John F. Kennedy war ein überzeugter Anhänger von Management-Methoden und setzte alle ihre Mittel ein. Er vermied es beispielsweise, sein Kabinett zu Sitzungen zusammenzurufen. Obwohl Kabinettsmitglieder ein wichtiges formales Element in einer Demokratie sind, ein durch die Verfassung vorgeschriebener Runder Tisch von Beratern, traf Kennedy sie lieber unter vier Augen, um so die Tagesordnung besser unter Kontrolle zu halten und den Rest des Tages mit seinen Hofleuten zu verbringen. Das Weiße Haus unter Ronald Reagan und George Bush, mit seinem auf 1.300 Angestellte aufgeblasenen Hofstaat, ist der unmittelbare Nachkomme des Kennedy-Zirkels, der sich gern – nach der Burg des legendären Königs Artus – Camelot nennen ließ.

Es gibt also, anders als im Management, bei Bürokratien kaum Neues unter der Sonne. Seit dem Römischen Reich haben sie die Neigung, ausufernd weiterzuwachsen und ihren Ursprungszweck unterwegs zu verlieren. Es ist nicht bösartig, nur typisch.

Neu ist jedoch die gläubige Hingabe einer ganzen Elite an die Ethik der Bürokratie, das heißt an das Management, als wäre es eine fundamentale Fähigkeit des Menschen. Diese Unterwerfung hat der Korporatismus erreicht. Sie kommt zustande, wenn man Logik und Methode höher bewertet als Inhalt und Substanz.

Und das kommt dabei heraus: Die Eliten, die eigentlich ein Gegengewicht zur Bürokratie sein sollten, sind keines mehr. Stattdessen vertun sie ihre Zeit mit Machtkämpfen zwischen Gruppen, staatliche Interessen gegen private, regionale gegen nationale, nationale gegen internationale. Jede Gruppe gibt der anderen die Schuld; was die eine sagt, nennt die andere falsch. Was auch immer sie behaupten, diese Machtkämpfe gehen fast nie um irgendwelche Ziele. Dem Korporatismus geht es nur um Interessen und die Aufteilung dieser Interessen. Beim Kampf der Gruppen geht es darum, wer wieviel kriegen soll.

In diesen Auseinandersetzungen gibt es keine politische Richtung, kein interessefreies Handeln, keine Gegenleistung für Denken oder uneigennützige Teilnahme. Das Ergebnis: In der Bevölkerung wächst die Verachtung für die Eliten. Und die Konsequenzen daraus erleben wir gerade jetzt: den Aufstieg eines falschen Populismus, mit dem gemeinhin die Feinde der Demokratie auftreten.

Hier halte ich einen Augenblick inne und befasse mich kurz mit der Vernunft, weil sie den derzeitigen Problemen der Demokratie – und genau besehen auch des Managements – zugrundeliegt. Ich greife nicht die Vernunft als solche an. Was ich angreife, ist die Vorherrschaft der Vernunft. Die Vernunft als Ideologie. Sorgsam mit unseren übrigen Eigenschaften verbunden ist die Vernunft ein unschätzbarer Wert. Allein herausgestellt aber, als Flaggschiff für die Gesellschaft und alles, was wir tun, wird sie schnell irrational.

Wir wissen, wie die Vernunft in diese moderne Welt kam: mit einer Fanfare großer Erwartungen. Sie sollte uns befreien aus der Willkür der Macht und dem Aberglauben der Religion. Schon im 13. Jahrhundert hatte Thomas von Aquin gefordert, jeder Mensch müsse im Einklang mit der Vernunft handeln. Und Robert Owen, der große Idealist inmitten der industriellen Revolution, war überzeugt, dass »der Mensch kein anderes Mittel hat, das Falsche zu entdecken, als durch seine Fähigkeit zur Vernunft«.[30]

Das Problem liegt woanders. Von Platos *Staat* an sind Vernunft und Utopie unentwirrbar miteinander verknüpft. Das ist mehr als nur eine Versorgungsehe. Es ist die Vernunft, die dazu benutzt wird, die Unvermeidlichkeit der aufeinanderfolgenden Utopien, ich sollte eher sagen: der Ideologien zu erklären. Es ist, sagt man uns, die Vernunft, durch die sie überhaupt erst funktionieren. Erst dadurch offenbart sich uns die Wahrheit, wie unser Leben und wir selbst organisiert werden müssen. Es ist kaum überraschend, dass sich die Ideologien der letzten 200 Jahre als Kinder der Vernunft ausgaben.

Viele haben diese Anmaßung bekämpft, sie taten es aber ihrerseits von einem ideologischen Standpunkt aus. Die Frankfurter Schule trug eine brillante Kritische Theorie vor, die aber von ihrem eigenen Marxismus unterspült wurde. »Die neue Ordnung des Faschismus«, schrieb Max Horkheimer, »ist Vernunft, die sich als Unvernunft enthüllt.« Michael Oakeshott versuchte die Attacke vom rechten Spektrum her, verdarb sie sich aber selbst durch seinen Anschein des schwerfälligen Konservativen. Bertolt Brecht sah sich in Ost-Berlin plötzlich angegriffen wegen seiner Oper *Das Verhör des Lukullus*. Er wurde »eines Rückfalls in Zweifel und Schwäche« angeklagt.[31] Diese Vernunft kennt keinen Zweifel. Sie ist mächtig, weil sie die Antworten findet.

Die meisten kommunistischen Parteien sind heute untergegangen. Was im Westen und im ehemaligen Ostblock – soweit dort nicht einfach Anarchie herrscht – übrig blieb, ist die korporatistische Organisationsstruktur. Die Technokraten haben insbesondere die platonische Ehe von Vernunft und Ideologie geerbt. Sie befürchten, sagen sie, es öffne sich erneut die Tür zum Aberglauben. Zu unseren dunklen Seiten, den Abgründen in uns. In Wahrheit befürchten sie den Verlust ihrer Selbstgewissheit oder vor ein Gericht zitiert zu werden, das die Erfolge der Vernunft mit ihren Fehlschlägen verrechnet.

Das leidenschaftliche Verlangen nach Vernunft und die damit einhergehende, wiewohl verborgene Sucht nach Lösungen sind klare Beispiele, wie Bewusstlosigkeit arbeitet. Man

nehme nur noch einmal McNamara und seine neue Nuklearstrategie, die »flexible Reaktion«: »Die grundlegende Militär-
strategie in einem allgemeinen Atomkrieg ist in weitgehend
derselben Weise zu entwerfen, wie die eher konventionellen
Militäroperationen in der Vergangenheit gesehen wurden.«[32]
Eine vollendet rationale Feststellung, und purer Wahnsinn. Es
hätte dem Autor sicher geholfen, ihn sogar ernüchtert, wenn
er vor der Verkündigung seiner letzten Gewissheiten ein
wenig in Diderot gelesen hätte. Den Begriff »Tatsache«, der so
außerordentlich beliebt ist bei der Herstellung rationaler
Wahrheiten, hat Diderot so definiert:

»Man kann die Tatsachen in drei Klassen einteilen: die Werke des göttlichen Wesens, die Erscheinungen der Natur und die Handlungen der
Menschen. Die ersten gehören zur Theologie, die zweiten zur Philosophie und die dritten zur eigentlichen Geschichte. Alle sind in gleicher
Weise der Kritik unterworfen.«

Man sieht, das Problem ist nicht die Vernunft, sondern was
wir aus ihr gemacht haben durch ihre Erhebung zu einer Gottheit. Verschiedentlich haben die Professoren unserer philosophischen Fakultäten das Problem damit zu lösen versucht, dass
sie eine Unter-Kategorie der Vernunft schufen: die instrumentelle Vernunft. Dieser Begriff soll eine Vernunft beschreiben,
die in der wirklichen Welt angewandt wird. Das klingt so, als
hätten wir nun sowohl die Gottheit als auch die irdische Stell-
vertreterin der Gottheit. Die Vernunft als solche bleibt die
göttlich unnahbare Vollkommenheit. Die instrumentelle Vernunft dagegen wird verantwortlich gemacht für alles, was praktisch schief geht, aber doch klappen könnte. Ein solcher Ansatz wirft uns zurück auf die Erniedrigung schon älterer Unter-
scheidungen. Da gab es doch schon einmal den über alle Kritik erhabenen Monarchen gegenüber seinen korrupten und
unfähigen Ministern. Oder noch früher: Die Schwachstellen
des Christenglaubens, beispielsweise die Inquisition, waren

gegen jeden Vorwurf immun, weil sich das Verbrennen von einigen tausend Menschen auf einer niedrigeren Ebene abspielte als das Walten der heiligen Dreifaltigkeit. In genau derselben Weise können die Wahnsinnstaten der Vernunft, beispielsweise die Nuklearstrategie der »flexiblen Reaktion«, nicht mehr diskutiert werden, weil sie angeblich einer nur instrumentellen Vernunft entspringen.

Diese Entwicklung war vermutlich nicht anders zu erwarten in einer korporatistischen Gesellschaft, die eine umfassende Sicht der Dinge und den Blick auf längere Zeiträume verloren hat durch die wachsende Sammlung immer höher spezialisierter Informations- und Faktendetails, die die Vernunft auf den noch höheren Status einer Vaterfigur befördert hat. Einer Gott-Vater-Figur. Nachdem die Untugenden der Spezialisierung und Faktensammlung bis weit in unsere Universitäten hineinreichen, auch und sogar in ihre philosophischen Abteilungen, wo das große Bild der Welt und der tiefere Blick in die Zeit besonders gefragt wären – was ist in dieser Lage anderes zu erwarten als das Hochkommen der Kleinbild-Experten?

Ich erwähnte bereits die Ziellosigkeit des Korporatismus als seine Hauptmisere (neben seinem antidemokratischen Vorgehen). Sie hat ihre Ursache in dieser schier unendlichen Zahl der Kleinbild-Experten. Eine eigene Welt, in der die eigentlich zum Wissen Ausgebildeten den Blick nicht mehr erheben, sich nicht mehr umschauen dürfen. Es ist ein zur Unwissenheit geschrumpftes Wissen. Je mehr Wissen so ein Experte in seiner beschränkten Ecke zusammenträgt, umso unwissender ist er. John Ruskin nannte die Technokraten eine »verworrene Bestialität«. Vielleicht ist es nicht wirklich ihre Schuld. Die Gesellschaft fordert es ja von ihnen.

Ein sprechendes Beispiel für den Widerspruch zwischen dem Kleinbild und dem umfassenden Blick sind die staatlichen Sparmaßnahmen. Seit einigen Jahren gilt es als schick, in dem verzweifelten Versuch, dem Budgetdefizit zu Leibe zu rücken, daraus das »überflüssige Fett« herauszuschneiden. Regierungen streichen Ausgaben zusammen, die öffentlichen Dienstleistungen werden ausgedünnt, der Bürger bekommt immer weniger für jede Steuer-Mark, und trotzdem verschwindet das Defizit nicht, und der Schrei nach weiteren Streichungen wird noch lauter.

Das Auffällige an der Geschichte ist nun, dass diejenigen, die diese staatlichen Leistungskürzungen in Gang gebracht haben, im oberen Management der Privatwirtschaft sitzen. Die Lautstärke ihrer Thesen wird durch die Denkfabriken, die sie selbst finanzieren, noch erhöht, ebenso durch die zahlreichen Wirtschaftswissenschaftler und ihre Freunde bei der Presse. Was sie alle kaum je erwähnen, ist die Tatsache, dass auch die großen Privatunternehmen systematisch mit ihrem eigenen Abspecken beschäftigt sind. Auch ihre Bürokratien, wild geworden, gehorchen keinem Zügel mehr. Sie haben einen viel zu hohen Schuldenberg angehäuft. Genau besehen, fing der Modetrend der Ausgabenkürzungen in der Privatwirtschaft schon vor gut 15 Jahren an, und seine Ergebnisse liegen schon eine Weile vor unseren Augen. Im Großen und Ganzen hat das sogenannte »downsizing« oder »Gesundschrumpfen« nicht funktioniert. In Unternehmen wie IBM oder General Motors wurden Zehntausende von Mitarbeitern auf die Straße gesetzt. Eine tatsächliche Wende hat der Trend nicht gebracht. Nicht im ersten Jahr der Maßnahme und auch nicht im zweiten, als weitere Zehntausende entlassen wurden. Einige Unternehmen kränkelten danach vor sich hin. Andere gingen ein. Und all das geschah guten Gewissens, in bester Absicht.

Sie entdeckten dabei zu ihrer Überraschung eine Schwierigkeit: »Man kann nicht zu Größe schrumpfen«, wie der Präsident der Ölgesellschaft Petro-Canada es ausdrückte.[33] Wo es ernsthaft an Kürzungen geht, sind immer zuerst Kreativität und Risikofreudigkeit an der Reihe. Das Unternehmen schließt sich sonst in einer geistigen Wagenburg ein. Erst stürzt die Mitarbeiterzufriedenheit ab, dann auch die Produktivität. An diesem Punkt verlangen die Berater dann weitere Einschnitte und Kürzungen, um das Unternehmen aus der Flaute zu bringen. Der kennzeichnende Begriff für diesen Zustand ist die Magersucht des Unternehmens, eine Betriebs-Anorexie.

Die drastische Selbstbestrafung der gesamten Industrie zwischen 1989 und 1994 hat zu folgenden Ergebnissen geführt: Nur 34 Prozent der Unternehmen verzeichneten einen Produktivitätszuwachs, nur die Hälfte von ihnen erzielte höhere Gewinne, und die Mitarbeiterzufriedenheit sank um 86 Prozent.[34]

Kürzungen, eine rein negative Maßnahme, sind das naturgemäße Handwerkszeug einer korporatistischen Gesellschaft. Aber Kürzungen schaffen weder Wachstum noch Wohlstand noch Effektivität.

Wo das Eigeninteresse zur Religion erhoben wird, wird niemand dafür bezahlt oder dazu ermutigt, einmal den prüfenden Abstand zu nehmen, den die uneigennützige Interessefreiheit verlangt. Nur aus einem gewissen Abstand lassen sich grundlegende Fehler überhaupt erkennen. Aber so wie die religiösen Charakteristika von einer Ideologie zur andern übergehen, so wurde auch das abergläubische Bekenntnis, dass Leiden notwendig sind zur Buße für unsere Sünden, immer weitergereicht und heißt neuerdings »Zwang zu Kürzungen«.

Das Eigenartige an diesem Vorgang ist, dass die Führer der Privatwirtschaft, in genauer Kenntnis ihrer hilflosen Verstrickung in Betriebs-Anorexie, den Staat immer weiter dazu drängten, denselben abschüssigen Weg zu gehen. Sie können es nicht aus Böswilligkeit getan haben, denn sie sind ehrenwerte Männer, das sind sie alle, alle ehrenwert. Im schlimmsten Fall war es vielleicht eine boshafte Mittelmäßigkeit. So oder so, niemand war fähig, einmal von seinem Kleinbild aufzuschauen und das ungute Zusammenspiel zwischen diesen bewaffneten Räubern in Staat und Wirtschaft zu erkennen.

Tatsächlich haben sich auf beiden Feldern die Kürzungsaktionen in gleicher Weise abgespielt. Je tiefer die Einschnitte, umso größer der Ärger der Bürger, denn sie zahlen dieselben Steuern und bekommen keine dementsprechenden Leistungen mehr geliefert. Nur geht es dann gewöhnlich so weiter, dass sie den Staat mangelnder Effektivität beschuldigen und sich entweder damit abfinden oder nach weitergehenden Kürzungen rufen.

Wären die privaten Wirtschaftsführer in ihrem Verlangen nach staatlichen Kürzungen absichtlich böswillig gewesen (was sie ganz sicher nicht waren), dann hätten sie damit ein sehr wirksames Verfahren angewandt, die Stützpfeiler der öffentlichen Dienstleistungen ins Wanken zu bringen. Hier haben wir ein gutes Beispiel dafür, wie das Fehlverhalten einer zu erfolgreicher Leitung berufenen Elite sie nur noch tiefer in die Arme einer Ideologie treibt, wo dann alles unvermeidlich wird. Die Übel, unter denen der Staat gegenwärtig leidet, sind für manchen, der in seinem Privatunternehmen mit Problemen zu kämpfen hat, sicher ein perverser Seelentrost.

Dabei sollte doch klar sein: Was wir brauchen, sind keine Kürzungen, sondern die stützende Befestigung der über die Jahre angewachsenen staatlichen Dienstleistungen. Die Fähigkeit, von Zeit zu Zeit innezuhalten, dieses fortgesetzte Wachstum erneut zu überprüfen und abzusichern, ist gar nicht so unmöglich, sobald Menschen ihre Schwierigkeiten mit einem unaufgeregten, umfassenden Überblick angehen können. Fast unmöglich wird sie allerdings durch das korporatistische Gesamtklima.

Man betrachte einmal die eigene Gesellschaft. Überall im öffentlichen Bereich ist ein gutes halbes Jahrhundert rapiden Wachstums zu beobachten. Das meiste davon geschah in kleinen, aufeinander aufbauenden Schritten. Die wahrscheinlich wichtigste und dringlichste Neuerung heute ist eine ruhige Betrachtung der erreichten Leistungen im Ganzen, gefolgt von einem ernsthaften Versuch, sie mit positiven Maßnahmen abzusichern. Wir können uns keine andere Wahl leisten als die Befreiung aus der korporatistischen Versessenheit auf Formfragen, damit wir uns wieder konzentriert mit dem befassen, was auf dem Spiel steht: den Inhalten.

Statt dessen werden wir zu willigen Opfern einer Anti-Staatlichkeits-Kampagne, die in allen Fragen von Privatisierung und Leistungskürzung eine Atmosphäre panisch galoppierender Dringlichkeit geschaffen hat. Wir fallen zurück in ein religiöses Flagellantentum, das nun das öffentliche Eigentum der Bürger noch seiner letzten Aktivposten beraubt. Wenn man bedenkt, wieviel Mühe und Arbeit der Aufbau dieser Gesellschaft kostete, kann man diesen gedankenlosen Vorgang nicht anders als einen langsamen, masochistischen Selbstmord beschreiben. Und Selbstmord, von seltenen Sonderfällen abgesehen, ist immer das Resultat der Unfähigkeit, sich selbst im Kontext unserer Wirklichkeit zu sehen. Dann erscheint uns der Tod als Tor zur Erlösung aus unseren Illusionen.

Wie sagte Sokrates zu der Geschworenenversammlung, die ihn zum Tod verurteilt hatte? Er sagte, »daß nur dies gar nicht so schwer ist, ihr Athener, dem Tode zu entgehen, aber weit schwerer, der Schlechtigkeit; denn sie läuft schneller als der Tod«.[35]

Der Schlechtigkeit entgehen – damit schließe ich meine Überlegungen zum staatlichen Handeln; ich werfe nur mehr einen kurzen Blick auf einige Stellen, an denen wir noch immer nicht erkannt haben, welche Anstrengung nötig ist, um das falsche Leben zu vermeiden.

Die Dezentralisierung der bürokratischen Verwaltungsmacht ist zunehmend ein recht populäres Thema. Den verhassten Apparaten dieser Bürokratie sollen wichtige öffentliche Dienstleistungen aus der Hand genommen werden. Die sollen dann zerkleinert und auf die regionale oder kommunale Ebene zurückgeführt werden, sodass der Bürger mit kleineren Verwaltungseinheiten menschlichere Beziehungen pflegen, ja sogar Inhalt und Richtung ihrer Tätigkeit beeinflussen kann.

Das wäre tatsächlich vernünftig, wenn nur zwei Bedingungen erfüllt wären: eine garantierte Finanzierung und landesweite, noch besser multinationale Richtlinien. Die Staaten der Europäischen Union beschäftigen sich immerhin mit diesem Problem. Der übrige Westen jedoch, in einem Anfall kindlicher Gedankenlosigkeit, scheint unfähig, die notwendigen Elemente dieser Konstruktion zusammenzubringen.

Dabei wäre das gar nicht so schwierig. Überall stecken die Staatsregierungen in einer langfristigen Finanzkrise, nicht zuletzt deshalb, weil sie immer weniger Steuereinnahmen aus den großen Unternehmen erzielen, die im globalisierten Markt ein Land gegen das andere ausspielen. Und wer kann es ihnen übel nehmen, wenn wir selbst unfähig sind, uns auf multinationaler Regierungsebene entsprechend zu organisieren? Stattdessen verlagern unsere Regierungen wesentliche, aber nicht mehr finanzierbare Programme auf kleine Gebietskörperschaften, alles im Namen von mehr Demokratie und Bürgernähe. Aber die Regionen, Landkreise und Städte ächzen unter derselben Finanzkrise und sind gegenüber den großen Unternehmen in einer viel schwächeren Position. »Pech!«, sagen die Staatsregierungen dazu, »aber wenn ihr kein Geld habt, braucht ihr ja bloß eure Steuern zu erhöhen. Also los! Es ist eure Verantwortung!«

Immer wenn eine Regierung Moral predigt (und das ist etwas anderes als nach ethischen Grundsätzen zu handeln), weiß man: Da stimmt etwas nicht. Es ist doch klar: Die unteren Gebietskörperschaften können die Steuern gar nicht erhöhen. Die Einkommensquelle, das Großunternehmen, würde sich in diesem Fall einfach aus der Kommune zurückziehen und woanders ansiedeln. Tatsächlich führt also die Dezentralisierung ohne Finanzierungsgarantie und multinationale Richtlinien zu einem Wettrennen der Regionen und Kommunen um möglichst niedrige Steuersätze. Die Gebietskörperschaft mit den wenigsten Steuerquellen ist also gezwungen, ihre Steuersätze auf den niedrigsten Stand zu senken. Mit den Steuereinnahmen sinken auch die Qualitätsstandards der öffentlichen Dienstleistungen. Gleichzeitig verschärfen sich die Ungleichheiten zwischen den Regionen so sehr, dass die versprochenen Dienstleistungen gar nicht mehr stattfinden.

Es geht bei der Dezentralisierung also keineswegs um das Unverhältnis zwischen einer Zentralregierung und dem einzelnen Bürger, und zwar schon deshalb nicht, weil hier in Wahrheit drei Mitspieler zugange sind: der Bürger, die große Zentralregierung und das Big Business. Tut einer von ihnen einen Schritt, so bewegt das auch die beiden anderen. Nun ist es aber auffällig, dass gerade die Großunternehmen fast immer die Dezentralisierung befürworten. Der Präsident einer kanadischen Großbank hat neulich das »äußerste Stillschweigen« der Arbeitgeber – wie Adam Smith es verlangte – gebrochen und in aller Öffentlichkeit gesagt, landesweite Qualitätsrichtlinien bei öffentlichen Dienstleistungen seien Unsinn. Jeder, meinte er, habe doch eigene, unterschiedliche Bedürfnisse. Er hat leider nicht weiter ausgeführt, wie sich die Bedürfnisse von Krebskranken und Schlaganfallopfern regional unterscheiden.

Und auch das ist aufschlussreich: Diejenigen, die staatliche Sozialprogramme ablehnen, sind fast vollzählig für die Dezentralisierung. Die Neo-Konservativen, die wissenschaftlichen Herolde des freien Marktes, die gut finanzierten Denkfabriken. Dazu gab schon Kapitän Joshua Slocum, der im 19. Jahrhundert allein um die Welt segelte, diesen Kommentar: »Fische folgen immer einem schmutzigen Schiff.«[36] Präziser sagte es William Kristol, ein bedeutender neo-konservativer Lobbyist in Washington: »Gebt [alle Sozialprogramme] an die unteren Länderebenen ab, lasst diese Länder mehr experimentieren, und um das Volk soll sich die private Wohltätigkeit kümmern.«[37]

Mehr oder weniger dieselben Leute befürworten auch Volksabstimmungen und »direkte Demokratie« als Gegensatz zu der langsamen, langweiligen Schinderei der repräsentativen Demokratie. Aber: Die falsche Vereinfachung, die mit Volksabstimmungen und direkter Demokratie immer einhergeht, ist erheblich zugänglicher für die Wirkungen einer Heroen-Führerschaft, also für Manipulation. Der heroische Führer und seine direkte Beziehung zum Volk gehen Hand in Hand mit einem Angriff auf das, was Jörg Haider abwertend »Parteipolitik« nennt. Diskussionen im Kabinett, ja das Parlament als Ganzes, sind für ihn bloß »leeres Geschwätz und Zeitverschwendung«.[38] Das ist ebenso das zentrale Thema in der Politik von Silvio Berlusconi. Er ganz allein, mit Hilfe seiner beherrschenden Anteile an den italienischen Fernsehsendern, soll den Verkehr mit dem Volk pflegen. Sylvester Stallone, der in dem Film *Judge Dredd* die Rolle des Richters spielte, klärte den Sachverhalt so: »[Es ist] beinahe Faschismus, es ist beinahe eine Militärregierung, aber das ist der Preis für einen, der euch beschützt.«[39]

Der Kern einer Gesellschaft der Volksabstimmungen ist die mystische Beschwörung alter Missstände, gebündelt, aufgebläht und verschärft zu einem aufschäumenden Unmut, losgelöst von der Wirklichkeit. Alles, was nicht ein solcher

Missstand ist, fällt unter den Tisch. Der mürrische Unmut wird sodann in eine Bewältigung durch den Helden-Führer eingearbeitet. Einfach, absolut, eine Erlösung. Eine Antwort.

Das moderne Referendum, wie sein Erfinder Napoleon es verstand, ist das vollendete Ideal einer Vernunft als Unvernunft, einer Anti-Demokratie, die sich als Demokratie tarnt. Die Komplikationen der Wirklichkeit, die die Demokratie auf ihre eigene langsame, indirekte Weise durcharbeiten kann, werden vom Tisch gefegt von einer einzigen, klaren Streitfrage. Dann kommt es oft nur noch auf vereinzelte menschliche Eigenschaften an: Wir sollen entweder nur gesunden Menschenverstand oder nur Vernunft oder nur Erinnerungsvermögen beweisen. Es wird so dargestellt, als sei jede Synthese menschlicher Fähigkeiten völlig unmöglich. Zwangsläufig leben sowohl das Referendum als auch die direkte Demokratie in glücklicher Ehe mit dem Korporatismus. Die wahren, die komplizierten Fragen werden hinter den Kulissen abgehandelt, durch effiziente »Interessenvermittlung« zwischen den beteiligten Interessengruppen. Und die Bürgerschaft? Sie wird abgelenkt und beschäftigt mit dem Feuerwerk ihrer direkten Mitwirkung bei den großen Fragen, mit ihrer direkten Verbindung zu den Großen. Ein einfaches Ja oder Nein, heißt es, und die Geschichte – wie durch einen Wink mit dem Zauberstab – läuft in eine neue Richtung.

Henry Kissinger sprach gern davon, dass historische Schicksale nur in Augenblicken siedendheißer Intensität zu verändern seien. Er behauptete, die Idee bei Metternich gefunden zu haben. Tatsächlich war sie reinster Mussolini: »Nur Blut ... bewegt die Räder der Geschichte.«[40] Volksabstimmungen und direkte Demokratie schenken das angenehme Gefühl von Blut und Leidenschaft ohne die dazugehörige Wirklichkeit; George Grant nannte das eine »Entschiedenheit ... auf Kosten der ›Durchdachtheit‹«.[41]

Bewusst oder unbewusst haben Alvin Toffler und seine Frau (und offenbar auch Newt Gingrich) dies alles verstanden und aufgenommen. Ein von Newt Gingrich vorgestelltes Pamphlet aus der Feder des Ehepaares verknüpft den Dadaismus der modernen Technik mit den napoleonischen Manipulationsmethoden durch Volksabstimmungen und direkte Demokratie. Die Botschaft der Streitschrift *Creating a New Civilization* besagt, die heutigen Informationstechniken machten eine quasi-direkte Demokratie und Referenden nicht nur möglich, sondern geradezu unausweichlich – da ist es wieder, das bekannte Merkmal der Ideologie.

Mehrheiten, so behaupten die Tofflers, würden bald nur noch als »ein archaisches Ritual« gelten, das »von Kommunikations-Primitiven in Gang gehalten wird«.[42] Sie empfehlen dagegen einen »häretischen« Schritt vorwärts zur »Macht der Minoritäten«. Der Vorschlag besagt, dass wir, die Bürger, diese Minoritäten seien. Was sie uns in Wirklichkeit vorschlagen, ist zweierlei: erstens eine Rückkehr zur mittelalterlichen Ordnung nach qualitativen statt nach quantitativen Mehrheiten, also zu einer hierarchischen Gesellschaft, und zweitens die Legimitation des korporatistischen Systems, also der Herrschaft durch Interessengruppen.

Die Informationstechnik, so wollen uns die beiden einreden, macht die herkömmliche Demokratie zu einem archaischen Überbleibsel. In völliger Verkennung der Tatsachen bezeichnen sie diese Technik als die dritte große Welle des gesellschaftlichen Wandels. Tatsächlich ist sie die soundsovielte Welle eines technischen Wandels, der seit der Begründung der demokratischen Prinzipien vor 2.500 Jahren vonstatten geht.

Und schließlich beharren die Autoren darauf, dass »die Institutionen der Regierung mit den Strukturen der Wirtschaft und der Informationssysteme übereinstimmen müssen«. Ein genauer durchdachter Ansatz würde zutage fördern, dass Techniken immer schon kommen und gehen. Wirtschaftliche Strukturen entwickeln und wandeln sich. Gesellschaften passen sich an. Und gleichwohl bleiben die demokratischen Grundregeln bestehen, allen Tofflers, Gingrichs und dem Chor der Korporatisten zum Trotz.

»Übereinstimmen müssen«? Hat man den Zungenschlag bemerkt? Wir müssen, lautet das Credo, mit Wirtschaft und Technik übereinstimmen, in Einklang gebracht werden.

»Notwendigkeit«, sagte vor 200 Jahren William Pitt, »ist die Ausrede für jede Verletzung menschlicher Freiheit. Sie ist die Rechtfertigung der Tyrannen, der Glaube der Sklaven.«[43] Der Korporatismus will uns mit diesen vielfältigen Stimmen sagen, die Demokratie sei heute nicht mehr zweckmäßig. Diese Ansicht trifft auf die aktive oder passive Zustimmung großer Teile unserer Eliten.

Aber die Demokratie ist nicht das, was sie daraus machen. Es geht ihr nie um Wohlstand. Ohne weiteres kann es bettelarme Demokratien geben. Und ebenso wohlhabende Diktaturen. Die Welt ist übersät mit autoritären Marktwirtschafts-Gesellschaften, in denen die T-Shirt-Produktion, eine gute Küche, sexuelle Genüsse und ein höheres Bildungssystem prächtig gedeihen. Auch ist die Demokratie nicht bloß dafür da, die Armen und Schwachen zu beschützen. Selbst eine barbarische Diktatur braucht irgendeine Art Gesellschaftsvertrag, wenn sie nicht fortwährend zur brutalen Gewalt greifen will.

Die Demokratie hat ihren Dreh- und Angelpunkt in der Art ihrer Legitimität und im Nachweis, dass der Bürger, der Inhaber dieser Legitimität, die Macht auch ausübt, die solcher Besitz gebietet. Wir Heutigen haben große Schwierigkeiten in der Handhabung unserer legitimen Macht. So kommt es, dass sie von uns weg in fremde Hände übergegangen ist.

Im letzten Kapitel werde ich auf die Praxis von Individualismus und Demokratie näher eingehen. Deshalb hier nur noch dies: Das vor uns liegende Problem ist keineswegs von unbegreiflicher Komplexität. Anders als bei den gequälten unbewussten Vorgängen, mit denen es Freud zu tun hatte und die der Selbsterforschung nur am Rande zugänglich sind, kann eine Gesellschaft durch hohe Bewusstheit durchaus praktische Tätigkeit beweisen. Nichts in unserer gegenwärtigen Krise ist unnahbar, schon gar nicht durch die geheimnisvolle Macht der Unvermeidlichkeit. Moderne Technik und Marktwirtschaft sind nützliche Erscheinungen, und sie verdienen unseren Respekt. Aber sie sind weder Götter noch wilde Tiere. Und die Legitimität ist keine Sache der Mystik, sondern der Praxis, wie überhaupt das Handeln einer gesunden Demokratie.

— IV —

Von Managern und Spekulanten zum Wachstum

Hat uns die industrielle Revolution den Wohlstand gebracht? Wenn wir mit einer so grundsätzlichen Frage anfangen, zwingen wir damit die strohtrockenen, verknäuelten Wirtschaftswissenschaften vielleicht in eine gewisse Berührung mit der Wirklichkeit, die zu erklären sie ja angetreten sind.

Die Antwort: Selbstverständlich hat sie ihn uns gebracht. Ohne die industrielle Revolution hätte der Westen die luxuriösen Bequemlichkeiten der letzten 70 Jahre niemals erreicht.

Aber das ist die Antwort auf eine ganz andere Frage. Gewiss, nur mit der Technik des frühen, aufblühenden und späten Kapitalismus konnte unsere Zivilisation geschaffen und aufrechterhalten werden. Und das war nicht einmal nur eine Frage der Technisierung. Der Kapitalismus als solcher ermöglichte diese Entwicklung. Und die Kräfte des freien Marktes. Und ein wachsender Kapitalmarkt, um damit Investitionen zu finanzieren. Und der Handel; das explodierende Handelsvolumen, gerade in einem zunehmend globalen Umfang, war sogar ein ganz wesentlicher Entwicklungsfaktor. Also: Ohne Technisierung, Kapitalismus, Marktfreiheit, Finanzmarkt, Freihandel und Globalisierung – noch heute die Leitbegriffe unseres Lebens – hätten wir unmöglich unseren Lebensstandard bezahlen und erhalten können.

Soweit schön und gut. Nun aber zurück zur eigentlichen Eingangsfrage: War es die industrielle Revolution, so wie sie sich aus den genannten Elementen zusammensetzt, die unseren Lebensstandard auf die gegenwärtige Höhe gebracht und uns ein noch nie dagewesenes Niveau an weit verbreitetem Wohlstand beschert hat?

Zweifellos hat sie eine neue Schicht von Kapitalbesitzern und Managern bereichert, die aber bis vor 50 Jahren nur einen sehr kleinen Prozentsatz der Bevölkerung darstellten. Im England des 18. und 19. Jahrhunderts gaben die meisten Menschen eine bescheidene bäuerliche oder Handwerker-Existenz auf, um sich in die wilde Welt der Fabrikhallen zu begeben. In der Frühzeit der industriellen Revolution fingen die Kinder der Ärmsten meist schon mit 14 Jahren als Fabrikarbeiter an. Wie die Erwachsenen hatten auch sie einen Zwölf-Stunden-Tag, Ruhepausen und Mahlzeiten eingeschlossen. Die traditionellen Feiertage der vorindustriellen Ära blieben vorerst noch in Kraft. Einige Jahrzehnte später, im frühen 19. Jahrhundert, war es bereits gang und gäbe, dass schon sieben- oder achtjährige Kinder die Arbeit in den gefährlichen, gesundheitsschädlichen Fabriken aufnahmen, und zwar 14 Stunden täglich. Nun berücksichtigten die Unternehmen auch die gewohnten Feiertage nicht mehr. Ganz einfach: Entweder man arbeitete, oder man wurde auf die Straße gesetzt. Und obwohl der Arbeiter erheblich länger und angestrengter tätig war, ging es ihm schlechter als ein Vierteljahrhundert vorher.[1]

Zu dieser Erfahrung gibt es viele Parallelen in den heutigen Entwicklungsländern. Was zum Beispiel die Millionen von Nigerianern erlebten, die eine einfache, aber verlässliche Existenz auf dem Land aufgaben und in die Hauptstadt Lagos gingen, ist geradezu identisch mit der Erfahrung des englischen Bauern des 19. Jahrhunderts, der zum Fabrikarbeiter wurde.

Ich überzeichne, wird man mir vorhalten, wenn ich auf diese

Weise doch nur zeitweilige Arbeitsbedingungen beschreibe, das erbarmungswürdige, aber auch unvermeidliche Durcheinander eines revolutionären Umschwungs. Die gängige Sichtweise der Markt-Herolde drückt sich am deutlichsten in einem verkorksten Metaphernmix aus: Wo gehobelt wird, fallen Späne, während die »unsichtbare Hand« des Marktes das Ihre tut, um das Sozialgefüge im Rahmen der veränderten Wirtschaftsbedingungen in ein neues Gleichgewicht zu bringen.

Übertreibe ich also? Sehen wir genauer hin. Diese harten Arbeitsbedingungen können schwerlich nur vorübergehend genannt werden. Sie dauerten an, bis in die zweite Hälfte des 19. Jahrhunderts hinein, und verschwanden selbst dann nur allmählich. Die Masse der Bevölkerung kannte bis zu unserem Jahrhundert keinerlei wirkliche Verbreitung von Wohlstand. In mancher Hinsicht ging es für lange Zeit sogar rapide bergab.

Denken wir nur an die Entstehung der mechanischen Baumwollspinnereien: Erst diese schufen gewissermaßen den Großmarkt für Sklaven, die in Amerika die Baumwolle pflücken mussten. Sklaverei hatte es vorher schon gegeben, in praktisch jeder Kultur auf dieser Welt. Aber das geschah unsystematisch und beinahe dilettantisch, wenn zum Beispiel zufällig Verurteilte oder Kriegsgefangene, Europäer und andere, zur Arbeit gezwungen wurden. Die Sklaverei auf den Zuckerrohr- und Baumwollfeldern waren etwas revolutionär anderes, die Versklavung einer ganzen Rasse zu rein wirtschaftlichen Zwecken. Um es krass auszudrücken: Für das zum Sklaven gemachte Individuum gab es keine Lebensqualität mehr.

Der Langzeitplan der industriellen Revolution war die Einführung eines niedrigeren Lebensstandards, überhaupt die Verschlechterung der Lebensbedingungen. Das Ergebnis war ein volles Jahrhundert ungehinderter sozialer Misere und Unordnung. Also für viele Generationen, wenn man die geringe Lebenserwartung von damals bedenkt. Keine vorübergehende

Anpassungserscheinung also, vielmehr ein Modell auf lange Sicht. Außerdem waren die »unsichtbaren« Wirtschaftskräfte auch in diesem unangefochtenen Siegeslauf nicht fähig, wenigstens ein beständiges Ungleichgewicht herzustellen. Der Markt reproduzierte mechanisch und immer wieder das Hin und Her zwischen einer sich langsam aufbauenden Hochkonjunktur und ihrem Absturz in die Depression. Der Markt lernte nicht aus diesem Kreislauf, bis heute nicht; da er keine Interessenfreiheit kennt, ist er ohne Gedächtnis. So etwas wie ein natürliches Marktgleichgewicht kann es nicht geben.

Nun aber: Wenn die industrielle Revolution mit ihren Qualitäten wie Technik, Kapitalismus, Marktfreiheit, Finanzmarkt, Freihandel und Globalisierung, wenn all dies nur instabile, aber dafür andauernde Armut geschaffen hat, wer hat uns dann den Wohlstand beschert? Die Antwort ist einfach: Als das 19. Jahrhundert allmählich in das 20. überging, stellte eine wachsende Zahl von Bürgern die Arbeitsbedingungen der industriellen Revolution öffentlich in Frage. Sie übten die legitime, ihnen gehörende Macht aus. Und das bedeutete auch eine Erweiterung der Legitimitätsmacht auf alle erwachsenen Bürger, mit anderen Worten: das allgemeine Wahlrecht, das nicht eher als nach dem Ersten Weltkrieg errungen wurde.

Das öffentliche Verlangen nach einem Wandel machte sich in vielerlei Formen bemerkbar. Gelegentlich wurde der Handlungsbedarf auch in den oberen Etagen der Macht erkannt, dann wieder zeigte er sich als wütender Straßentumult. In diesem aufwühlenden Geschehen kam nicht nur der Marxismus zur Welt, sondern alles andere, der Faschismus, die Liberalen oder die Reformkonservativen. Fast alle Fortschritte hin zu einem allgemeinen Wohlstand hatten ihren Ursprung nicht in den Aktionen eigensüchtiger Interessengruppen, sondern im uneigennützigen Handeln von Bürgern, die sich jenseits ihrer Privatinteressen für die Entfaltung des Gemeinwohls einsetzten.

In dem dauerhaften Ungleichgewicht als Folge der industriellen Revolution gibt es nicht den geringsten Hinweis auf irgendeinen eingebauten Mechanismus der Selbstkorrektur zum Zweck des sozialen Ausgleichs – und damit meine ich einen einigermaßen gut verteilten Wohlstand. Erst die Demokratie und die Bürgerschaft zwangen die blinden Wirtschafts- und Marktmechanismen in eine gesellschaftlich annehmbare, hinlänglich dauerhafte Form oder – wie ich es nennen möchte – die Form einer Zivilisation.

Ich behaupte nicht, dass jenes Abgleiten in Armut und Verzweiflung und der dann folgende Aufstieg zum Wohlstand auf einem klaren, geradlinigen Weg erfolgten. Die Zeiten waren voll von wiederkehrenden und sich überschneidenden Phasen politischer Verwirrungen, von Krieg und Frieden, wirtschaftlichen Booms und Depressionen. Vor relativ kurzer Zeit, nach dem Ende des Ersten Weltkriegs, machte sich jedoch ein seltsames Glücksgefühl breit. Und die Wachsamkeit der Bürger erschlaffte, vielleicht aus Erleichterung nach dem Wahnsinn des organisierten militärischen Schlachtens. Was nun eintrat, war die Periode eines scheinbar unaufhaltsamen marktbedingten Wohlstands.

Im November 1929 feierte eine amerikanische Illustrierte diesen Sieg mit einem Gespräch zwischen dem Romancier Sinclair Lewis, dem berühmten Leitartikler Walter Lippmann und Will Durant, dem beliebten Philosophie-Historiker. Im Vorwort fasste der Herausgeber die Gesprächsatmosphäre so zusammen:

»Unser Wohlstand ist zweifellos sehr hoch. Erfindungen, Maschinen und arbeitssparende Geräte entwickeln sich so kräftig, dass sowohl unsere Produktion als auch unsere Freizeit dauernd zunehmen, all denen zum Trotz, die glauben, die Maschinen würden uns bald unterjochen und versklaven. Der Arbeiter, der Handwerker, aber ebenso gut die Hausfrau in der Küche haben heute mehr freie Zeit als man vor nur einer Generation zu träumen wagte.«[2]

Die Zeitschrift hing kaum an den Kiosken aus, da stürzten sich verzweifelte Firmeninhaber mit einem Sprung aus dem Fenster in den Tod. Die für längere Zeit letzte Wirtschaftskrise war angebrochen. In der Folge sah es so aus, als hätten wir endlich das Eine daraus gelernt: dass der Markt nichts lernt. Es war demnach die Aufgabe des Individuums, des Bürgers, das Gemeinwohl besonnen zu definieren und durchzusetzen, um damit sicher zu stellen, dass der unveränderliche Mangel der Wirtschaft an Gleichgewichtsfähigkeit wenigstens durch die Regeln einer zivilisierten Gesellschaft gemildert wird.

Aber was sehen wir heute, nur knappe 70 Jahre danach? Einen Kapitalmarkt, neben dem das Krisengeschehen von 1929 geradezu verantwortungsbewusst erscheint; einen Aktienmarkt, dessen wilde Ausschläge genau wie damals nichts mehr zu tun haben mit tatsächlicher Warenproduktion; sinkende Reallöhne für die übergroße Mehrheit der Bevölkerung; eine chronische Arbeitslosigkeit, nicht so dramatisch wie die von 1929, aber höher, als die offizielle Statistik zugibt und auf jeden Fall so hoch, dass die Weisheit der Wirtschaft ziemlich begriffsstutzig dasteht. Das reale Wirtschaftswachstum hat uns vor zwei Jahrzehnten verlassen, und auf seine Wiederkehr warten wir noch immer.

Viel unbegreiflicher ist jedoch dies: Wir hoffen beharrlich auf die Wiederentdeckung des Wohlstands durch jene mechanischen Kräfte des freien Marktes. Wir machen es dem 19. Jahrhundert und den 20er Jahren nach und deregulieren alles, was uns in die Finger kommt, ja wir bauen sogar das Erziehungssystem und unsere Regierungen nach dem Vorbild von Industrieanlagen um. Wir sind zu unser frühen Liebe zurückgekehrt, der alten Ideologie, die sich doch schon in der Vergangenheit nie bezahlt machte.

Ich weiß, jetzt stehen einige auf und missverstehen das Gesagte als ein Plädoyer gegen die Marktwirtschaft. Ich werde sie enttäuschen. Ich liebe nämlich die Marktwirtschaft.

Ich mag den freien Handel, den Kapitalmarkt, die Globalisierung, das ganze Drum und Dran. Es ist wie ein Spiel. Es ist vergnüglich für alle, die sich einen Sinn für Humor leisten können. Aber ich bin nicht so töricht, diesen notwendigen und wichtigen, aber begrenzten Mechanismus für etwas zu halten, was er nicht ist: eine umfassende, zuverlässige, bewusste Energie, die einer ganzen Gesellschaft den Weg weist. Der Markt hat eine Geschichte, niedergeschrieben in seinen Taten und Wirkungen. Wer diese Geschichte vernachlässigt, zieht sich in eine bedenkliche Bewusstlosigkeit zurück.

Unsere Denkaufgabe ist jetzt, herauszufinden, wie wir unsere eigene Geschichte so sehr vergessen konnten, dass wir heute willfährig und gehorsam einem selbstmörderischen Kurs nachlaufen und glauben, die Wirtschaft sei zur Führung befähigt – wo sie doch in der Vergangenheit dauernd versagt hat. Das ist die Kernfrage dieses Kapitels. Ich werde sie verdeutlichen mit einigen Hinweisen darauf, wie wir durch ein paar einfache Verhaltensregeln für politisches Handeln etwas Wesentliches wiedergewinnen: das Gefühl, dass wir einer zivilisierten Kultur angehören; dass wir gerade nicht einer eingebildeten Wirtschaftsdialektik und ihren jeweils unausweichlichen Folgeerscheinungen unterworfen sind.

Ich kann auch so fragen: Wenn wir wirklich im letzten Weltkrieg den Korporatismus und vor knapp zehn Jahren den Marxismus besiegt haben, warum halten wir dann weiterhin so unerschütterlich gläubig fest an dem korporatistischen Dogma der Gruppen-Legitimität und an dem marxistischen Dogma, die Wirtschaft sei unser bestimmendes Schicksal? Ich habe anderswo einmal gesagt, höchstens halb im Scherz, die einzigen wahren, praktizierenden Marxisten seien heute die Dozenten der Chicago School of Economics und die Manager der Großunternehmen. Ich könnte hier hinzufügen, dass diese Leute ebenso die wahren Nachfolger von Benito Mussolini sind.

Aber zurück zur eigentlichen Frage. Warum sind wir unfähig, uns bewusst und konzentriert mit unserer eigenen Geschichte zu befassen? Warum ist die größte und bestausgebildete Elite dieser Geschichte so versessen darauf, die Macht – die wir Bürger errungen und ihr nur anvertraut haben – einer abstrakten und selbstzerstörerischen Ideologie zu übergeben? Eine mögliche Antwort lautet: Wir sind lahmgelegt durch eine Verbindung von technokratischem Management und technokratischen Gedankenhülsen. Das technokratische Management, das vor allem die Wirtschaftshochschulen, Business Schools und die einschlägigen Universitätsfakultäten hervorbringen, funktioniert besonders gut in der Struktur des Großunternehmens.

Wo diese Leute also am ehesten ihre Leidenschaften befriedigen können, ist in einem multinationalen oder wenigstens sehr großen nationalen Unternehmen. Weder ihre Ausbildung, noch die Unternehmensstruktur haben irgendetwas mit Risiko oder Kapitalismus zu tun. Sie sind vielmehr die Wiederverkörperung der königlichen Monopolgesellschaften aus dem 17. Jahrhundert. Sie sind, wenn man so will, die moderne Ausgabe des Merkantilismus. Alle Statistiken bieten dasselbe Bild: Diese riesigen Aktiengesellschaften, in der Hand ihrer Verwalter und Manager statt ihrer wirklichen Eigentümer, investieren kaum in langfristige Vorhaben, in Forschung und Entwicklung. Kreativität löst in den Köpfen der starren Verwaltung Angst aus, und Innovationen haben kaum eine Chance. Und weil die Großunternehmen nur auf wirklichkeitsfremde Beschäftigungstheorien hören, zeigen sie auch bei der Schaffung von Arbeitsplätzen eine schwache Leistung.

Beim Finanzmarkt und seinen Spekulationen werden wir

von der ihm innewohnenden Rationalität abgelenkt durch das Chaos, das sie herstellen. Die rationale Vernunft steckt hier in den Methoden und der Geschicklichkeit, sie anzuwenden. Der Technokrat sieht die Sache so: Das Chaos der spekulativen Geldmärkte ist nicht sein Problem, sondern das der anderen. Von innen her sieht er nur die fehlerlose Anwendung einer abstrakten Theorie, eine ungeheuer komplexe Angelegenheit, die hochspezialisierte Fähigkeiten verlangt. Aber das Tollste daran ist: Er sieht eine Welt ohne auch nur einen Hauch von Wirklichkeit. Es scheint wahrhaftig, als hätten die brillantesten Techniker hingebungsvoll das Abschneiden jeder Realität von ihrer Welt geschafft. Heute sind sogar Politiker gern fasziniert von der verwickelten Logik des immer neue Blasen ansetzenden Chaos der Finanz-Spekulationen.

Unser Glaube an Erlösung durch den Markt liegt recht genau in der Tradition der Utopie. Wirtschaftsexperten und Manager sind jetzt die Diener an ihrem Altar. Ganz wie die mittelalterlichen Scholastiker haben sie nur das eine Ziel, den göttlichen Heilsplan zu enthüllen. Ihn zu schaffen oder aufzuhalten, sind sie nicht fähig. Sie können allenfalls danach streben, ihn ein wenig zu modifizieren. Sie haben Macht, ohne sich dafür verantworten zu müssen. Wie die ungebärdigen Armeen der *condottieri*, die in der Renaissance durch Italien streiften, wie die Hofleute einer königlichen Residenz.

Aber Macht ohne Verantwortlichkeit ist eine Urform der Unwissenheit, des geistigen Analphabetentums. Eines der Kennzeichen der späten Scholastik war genau dies: das nachfragende Untersuchen, also das Denken selbst zu verhindern. Die wirkliche Welt wurde zurückgeschnitten auf das ausgefeilte, einsträngige Argument, das aus einem festgefügten Weltbild kommt.

Auf diesem Weg schlitterten intelligente, hochgebildete Menschen in eine Welt abstrakter Gedankenspielereien. Was, fragte man sich, könnte passieren, was müsste passieren, wenn endlich alle Bedingungen vereint sind für beispielsweise die ewige Herrschaft der Dreifaltigkeit oder – die moderne Version – für das Gleichgewicht des Marktes. In einer derartigen Welt ist keine vernünftige Opposition mehr möglich. Die Oppositionellen sind konterrevolutionäre Girondisten und Menschewiki, auf jeden Fall bescheuert, bestenfalls naiv und nicht im Einklang mit der Wahrheit. Währenddessen erwarten die Machthinhaber müßig und ihrer selbst völlig sicher, dass ihnen die Wohltaten des Unvermeidlichen zufallen.

Wie alle herrschenden Ideologen nehmen sie mit der Zeit an Komik zu. Ihre Redeweise wird zur Parodie, ja zum reinen Nonsens. Da sagen sie zum Beispiel, die Nation profitiere gerade von einem starken realen Wachstum, und im gleichen Atemzug, die Nation sei bankrott. Also was gilt nun? Es ist heute durchaus üblich, Wachstum und Staatsbankrott zusammenlaufen zu lassen, so wie die mittelalterliche Kirche durch ihre Inquisition verkünden konnte, Gott sei mächtig, gut und menschenfreundlich, und daher müsse man bestimmte Menschen bis zum Geständnis foltern.

Aber auch diejenigen, die gegen die Politik dieser phlegmatischen Technokraten opponieren, verfallen nicht selten ebenso in die parodistische Detailversessenheit. Dann entwerfen sie beispielsweise höchst kompliziert zusammengesetzte Verschwörungstheorien um Banken oder multinationale Unternehmen. Aber Verschwörungen braucht es gar nicht. Es sind ganz einfach Strukturen, die von ihren Bediensteten gemanagt werden. Ihre innere Logik gibt sich öffentlich zu erkennen. Komplizierte Verschwörungen mit langem Atem verlangen bewusste Anführer. Wer Technokraten für so etwas hält, verleiht ihren Selbsttäuschungen Glaubwürdigkeit.

Ein realistischerer Lösungsansatz für unsere Wirtschaftsprobleme wäre es, sich die fortwährend nur negative, selbstgeißlerische Attitüde unserer Managerschicht genauer anzusehen, diese »Es muss uns erst schlechter gehen, bevor es uns besser geht!«-Parole. Als Beispiel erwähnte ich schon die Einstellung zu Staatsschulden. Sie sind die Ur- und Erbsünde. Die schimpfliche Last der Sünde gegen den Gott der Vorsicht. Daher der Zwang zum Bußetun. Zum Leiden dafür, dass wir es zu gut gehabt haben. Dieser ganze Unsinn hat die öffentliche Aufmerksamkeit abgelenkt von einem »historischen Höchststand der privatwirtschaftlichen Verschuldung«, wie der sehr zurückhaltende Jahresbericht der Bank für Internationalen Zahlungsausgleich es ausdrückt.[3] Die Managerklasse der Privatwirtschaft liegt mit der Klasse der Staatsmanager in einem Schulden-Krieg. Und die Privatwirtschaft hat ihn gewonnen, obwohl sie in ihrer Ausgabenpolitik erheblich weniger fachmännisch vorging, besonders wenn man das Verhältnis der Einkommen zur Verschuldung betrachtet. Dass Staatsschulden ein immer wiederkehrendes Problem sind, mit dem man auf vielerlei Weise umgehen kann, nur nicht erlösungstheologisch – diese Einsicht ist uns verlorengegangen im hysterischen Rausch der Budgetkürzungen.

Ich habe schon im vorigen Kapitel davon gesprochen, dass sich die Selbstkasteiung solch tiefer Einschnitte selten bezahlt macht. Sie hinterlassen lediglich niedergeschlagene, herz- und hoffnungslose Opfer, und das sind kaum die richtigen Leute für ein nachhaltiges Wachstum.

Die Schulden- und die Kürzungstheorie sind nur zwei der – wie ich sie nenne – kleinen Ideologien, Miniatur-Ideologien, die verhindern, dass die Managerklasse ihre grundlegende Untätigkeit vor dem Unvermeidlichen zugeben würde. Eine dritte Klein-Ideologie, die wir im Auge behalten müssen, ist die These von der Effizienz. Dieses Merkmal, das eigentlich in der unteren Ebene der Fabrikhalle zu Hause ist, wurde fast schon als weiteres Mitglied in die heilige Dreifaltigkeit aufgenommen. Man achte einmal darauf, dass wir immer nur von Effizienz hören, nie von Effektivität. Effektivität hat mit Inhalten zu tun, mit dem Angebot einer tatsächlichen Politik. Effizienz ist immer nur ein abstrakter und im Grunde negativer Begriff.

Alles, wovor der Technokrat Angst hat, verträgt überhaupt keine Effizienz: Risiko, Denken, Zweifel, das Eingeständnis von Fehlern, Forschung und Entwicklung, langfristige Investitionen, die Verbundenheit mit einem Ort. Sogar die tatsächliche Warenproduktion lässt sich nicht mit Effizienz gleichsetzen, sie bleibt ineffizient, weil sie nicht nach einem strikten, stromlinienförmigen Modell vor sich geht. Die Versessenheit auf Effizienz behindert Wachstum und Kapitalismus. Was Technokraten am sogenannten Dienstleistungsbereich so attraktiv finden, ist der unterwürfige und unanschauliche Charakter solcher Firmen.

Was sollen wir also halten von diesen Managern und ihrer jetzt etwa drei Jahrzehnte dauernden, fast absolutistischen Befehlsgewalt über die westliche Wirtschaft, die aber seit über zwei Jahrzehnten durch eine weltweite Krise verunstaltet ist? Haben sie selbst zur Einschnürung der Wirtschaft beigetragen? Zweifellos haben sie es nicht geschafft, eine wirtschaftliche Erholung herbeizuführen. Ich denke, das liegt vor allem daran, dass der reine Verwalter wegen seiner Angst vor Unsicherheiten genau die falsche Person in der Krise ist. Und doch: Die Business Schools wachsen und gedeihen. In manchen Universitäten stellen sie bereits richtige Profit Centers dar – woran man erkennen mag, wie weit die Universitäten von ihrer eigentlichen Aufgabe abgewichen sind.

Wahrscheinlich war Stalin der erste Apparatschik, der den Beweis antrat, dass die Kontrolle der Stellenbesetzungen der beste Weg zur Macht ist. Diese Verfügungsgewalt erlaubt die Beförderung von Verbündeten und Günstlingen ohne Berücksichtigung ihrer bisherigen Leistungen. Ganz egal, wie unfähig ein Diplomvolkswirt ist, er wird immer sich selber klonen, ein Abziehbild seiner selbst einstellen.

Léon Courville sagt das so:

»Management – eine Wissenschaft? Natürlich nicht. Das ist bloß ein Papierkorb voller Rezepte für das Tagesgericht während weniger Jahre des Überflusses und des Wirtschaftswachstums. Jetzt passen die Rezepte nicht mehr, und die Unternehmen, die sie weiterhin benutzen, werden verschwinden.«[4]

Er ist sogar noch um einiges skeptischer, was einen Management-Unterricht betrifft, den die Manager der Großunternehmen von den staatlichen Schulen nachdrücklich fordern. In derselben Weise, wie die Manager die Regierungen zu Einschnitten und Kürzungen drängten, nachdem dieses Vorgehen in der Privatwirtschaft schon jahrelang versagt hatte, so drängen sie jetzt die Schulen der Bürgerschaft zu einer Management-Lehre, die bisher bestenfalls eine Randerscheinung des Bildungssystems war, jetzt aber als absolute Fehlleistung bekannt ist.

Im Kern dieser falschen guten Ratschläge steckt ein tiefes Missverständnis. Die meisten Wirtschaftsführer, die uns die Ideologie des Kapitalismus, den freien Markt, die Eigeninitiative und das Risiko predigen, sind selbst keine Kapitalisten. Es sind Manager: festangestellte, auf gewisse Techniken spezialisierte Bürokraten. Es sind Männer der Vernunft. Ein Kapitalist gebraucht eher andere Eigenschaften: gesunden Menschenverstand, Intuition, Kreativität. Die interessantesten Kapitalisten haben vermutlich sogar ein Gedächtnis. Die Manager hingegen, auf den sicheren Höhen ihres wirtschaftsbürokratischen Berufsstands, gehen geringere Risiken ein als ein hoher Staatsbeamter, den keine Aktienoption, kein »goldener Handschlag« absichert.

Den Großunternehmen fehlt nicht nur eine enge Verbindung mit ihren Eigentümern, den Aktieninhabern, sondern viele übergeben darüber hinaus einen Großteil ihrer Aktien einem Pensionsfonds oder ähnlichen Einrichtungen. Diese riesigen Fonds werden ihrerseits vom gleichen Managertyp verwaltet. So marschieren beide, Hand in Hand, immer weiter auf dem Weg in den falschen Kapitalismus.

Auf diesen Höhen ist die Selbsttäuschung hochgradig und lohnend. Der Manager hat sich selbst den Mantel des Kapitalismus umgelegt. Er belehrt die Regierung über Risiko und Anreize, und gleichzeitig bezahlt er sich selbst so prächtig, als wäre er der Eigentümer. Die Aktien in seinem Besitz wurden ihm nur überreicht als Bestandteil einer persönlichen Gehaltsvereinbarung mit dem Unternehmen. Obwohl die Volkswirtschaften des Westens kaum noch wachsen und das Lohnniveau allgemein stagniert, steigen weiterhin die Einkommen der Manager. In einem guten Jahr kommt mancher Topmanager in den USA pro Jahr leicht auf 50, nicht selten auf 100 Millionen Dollar. In anderen Ländern sind es ein bis zwei Millionen – ein Einkommen, von dem die meisten Eigentümer kleinerer Unternehmen höchstens träumen können.

Die Konsequenz aus all dem ist, dass der Manager die Fähigkeiten des Eigentümers durch eine andere Art von Aktivität ersetzen muss, um noch etwas wie kapitalistisches Handeln vorzutäuschen. Seine Lieblingsbeschäftigungen sind daher Fusionen und Entflechtungen, »freundliche« und umkämpfte »feindliche« Firmenübernahmen.

Wer selbst nicht kreativ sein kann, kauft sich dafür eine Firma. Praktisch heißt das: Die Großunternehmen kaufen sich kleine Eigentümergesellschaften, die auf einem bestimmten Gebiet einen Durchbruch erzielten. Sie kaufen sich Kreativität; aber eingebaut in die verwaltungsmäßige Atmosphäre, verlangsamt sich der neue Schwung bald und stirbt schließlich ab. Er wird abgesaugt und verschluckt.

Aber das Schlimmste dabei ist, dass die technokratischen Großunternehmen es sich leisten können, für diese Frischzellentherapie zu bezahlen, viel zu viel zu bezahlen. Mit diesem Verfahren haben sie den Marktwert von Unternehmen derart in die Höhe getrieben, dass es dem Eigentümer einer kleinen Firma fast unmöglich wird, nicht zu verkaufen. Die Folge ist eine zunehmende Lähmung der Wirtschaft, die Totgeburt einer Entwicklung. Zu oft geschieht es, dass Unternehmen, die ihren technischen Neuerungserfolg gesichert und mit der Zeit eine neue Generation unabhängiger Firmenchefs hervorgebracht hätten, aufgekauft und ausgeblutet werden als lebenserhaltende Maßnahme für die Muttergesellschaft, den vergleichsweise ineffektiven Großbetrieb.

Aber die manische Begeisterung für Fusionen und Übernahmen geht weit über den Ankauf von Kreativität hinaus. Sie tritt wellenförmig auf, eine sich wiederholende Management-Mode, und soll den Eindruck von Handlungsfähigkeit und Zielvorgabe erwecken. Die 80er Jahre waren berüchtigt für diese Ekstase der erzwungenen Partnerwechsel. Im Jahr 1995 erlebten wir dann eine Welle der Firmenentflechtungen. Etwa um die Jahresmitte 1995 wurden allein in Europa auf diese Weise 31 größere Knoten mit einem Gesamtwert von 1,3 Milliarden Dollar wieder aufgeknotet. Die Globalisierung machte es nur noch leichter, dieses Spiel von Fusion, Entflechtung und neuer Fusion mitzuspielen. Jeder ist rastlos damit beschäftigt. Die Kapitalmärkte, statt tatsächliches Wachstum zu finanzieren, machen überglücklich mit bei diesem Bäumchen-wechsle-dich, weil sie den verkauften und gekauften Firmeneinheiten einen klaren Geldwert zuschreiben. Investitionen in wirkliches Wachstum wären erheblich riskanter, da sie einen Vorstoß in noch unbekanntes Neuland zum Inhalt haben. Dass der fortwährende Tausch den Wert der betroffenen Firmeneinheiten künstlich in die Höhe treibt und sie gleichzeitig tief verschuldet, ist nicht das Problem der Manager. Sie sind ja nicht die Eigentümer. Es stört sie auch nicht weiter, dass sie damit eine bedenkliche Form der Inflation erzeugen.

Der andere Aspekt dieses Hungers nach falscher Unternehmensgröße ist der zunehmende Druck der privatwirtschaftlichen Manager-Klasse auf den Staat, öffentliche Unternehmen zu privatisieren oder unter Preis zu verschleudern. Zwar sind Nationalisierung und Privatisierung unter Umständen und zur gegebenen Zeit nützliche Maßnahmen. Aber ein unnötiger Schub in die eine oder die andere Richtung bereichert nur die politischen Freunde der Regierungsparteien. Zwangsläufig sind sie es, die als Anwälte, Wirtschaftsprüfer, Steuerexperten und Makler Kauf und Verkauf tätigen und dafür üppige Honorare einstreichen.

Auf geheimen Wegen, so oder so, fließt ein Teil dieses Geldes zurück zu den politischen Parteien oder ihren Amtsinhabern. Oder beiden.

Aber das kann doch alles nicht so schlimm sein, wird mancher einwenden, solange diese abverkauften Dienstleistungen aus der schwerfälligen Hand des Staates befreit und dem Wettbewerb des Marktes ausgesetzt werden. Mag sein. Aber nur wenige dieser Staatsunternehmen lieferten mangelhafte Dienstleistungen, bevor sie zu billig verkauft wurden. Sonst hätte sich ja auch kein Käufer dafür interessiert. Nein, gerade die nicht-funktionierenden Dienstleistungen verkauft eine Regierung nicht. Und ich persönlich kann weder in theoretischen Untersuchungen noch an den praktischen Ergebnissen erkennen, dass die schon vorher recht gut funktionierenden Staatsunternehmen nach der Privatisierung ihre Leistungen verbessert hätten.

Es gibt dabei noch etwas anderes zu beachten, das unmittelbar mit der Technokratie zusammenhängt. Die Privatisierungstheorie behauptet, die Wirtschaft werde geknebelt durch zu starke staatliche Einmischung. Man muss also die Staatsunternehmen verkaufen und damit der Wirtschaft Schwung verleihen. Nur: Die Wirtschaft besteht aus mehreren Teilbereichen. Da ist einmal der solide, althergebrachte, konservative Bereich, der Waren und Dienstleistungen herstellt. Er kann jedoch seiner Natur nach kaum den Anführer spielen auf dem Weg in neue Wachstumsaktivitäten. Und dann ist da der risikoreichere, schneller laufende Bereich, wo sich neue Investitionen, neue Ideen und neue dynamische Unternehmensleiter zusammentun, um die Wirtschaft der Zukunft aufzubauen. Eines Tages werden auch sie konservativ sein, aber im Augenblick sind sie es noch nicht.

Die meisten der Industrien im Staatsbesitz gehören zum konservativen Bereich, sei es durch die Art ihrer Produkte (so wesentliche Dienstleistungen wie die Versorgung mit Elektrizität oder Wasser), sei es wegen der vielen Jahrzehnte, die der volle Ausbau dieser Produktionskapazitäten brauchte. Was ist also der Effekt der Privatisierung? Man nimmt das gute privatwirtschaftliche Risikokapital und investiert es in den risikofreien Bereich der Wirtschaft.

Die meisten von uns haben das vage Gefühl, dass die Wirtschaft buchstäblich ein Spiel ohne Grenzen ist, dass jeder investiert, wo er will, und also jeder Bereich sich zu seinem Besten entwickeln wird. In Wirklichkeit ist wirtschaftliches Handeln durchaus begrenzt durch den Aufwand an Zeit und Mühe, den die Eliten dafür aufbringen können. Der zahlenmäßige Umfang dieser Wirtschaftseliten, das ihnen verfügbare Finanzvolumen, die sie umgebenden Strukturen, ihre geistigen und körperlichen Energien – das sind alles die ganz und gar natürlichen Grenzen ihrer Tätigkeit.

Es gibt eine alte Managementregel, die besagt, dass man nicht mehr als zwölf Menschen führen kann. Die schöne Zahl zwölf hat einige mystische, vorchristliche Wurzeln, aber der unbewusste Ursprung der Regel-Zahl liegt wohl bei Christus und seinen Aposteln. Aus dem Neuen Testament erfahren wir indes, dass selbst der Sohn Gottes keine zwölf Leute managen konnte. Sein Maximum war elf, und der eine Überzählige führte die Katastrophe herbei.

Da stehen wir also und schaufeln Milliardenwerte an guten, stocksolide abgesicherten Produktions- und Dienstleistungsbetrieben hinüber in den privatwirtschaftlichen Bereich. Private Gelder und Energien, die eigentlich an die vorderste Front der kapitalistischen Aktivitäten gehen müssten, werden umgeleitet zur Nachhut der Grundversorgung an Waren und Dienstleistungen.

Wie soll da die großräumige Privatisierung eine andere Wirkung entfalten als eine lähmende Verlangsamung der Wirtschaft? Man braucht sich ja nur Großbritannien anzusehen, wo die Maßnahme außerordentlich weitgehend durchgeführt wurde. Beginnt die britische Wirtschaft ihren Höhenflug? Geht sie den anderen voran? Liegt ihre Wachstumsrate über dem europäischen Durchschnitt? Hat sie ihre Verschuldung abgebaut? Nein. Abgesehen von der spekulierenden geschlossenen Abteilung in der City von London ist die britische Wirtschaft so fußlahm wie kaum eine andere im Westen.

Man kann das Problem der Privatisierung noch von einer anderen Seite beleuchten. Die Manager dieser billig abgestoßenen Staatsunternehmen haben unglaublich schnell die Illusion der Technokraten aus der Privatwirtschaft übernommen, sie seien Kapitalisten. Besonders in Großbritannien mussten die Verwaltungsräte der früheren Wasser- und Energiewerke zusehen, wie ihre Vorgesetzten sich mit massiven Gehaltserhöhungen und Aktienoptionen selbst bedienten. In keinem Fall ging damit eine messbare Steigerung der Qualität oder Quantität der verkauften Dienstleistungen einher, also auch keinerlei Wertsteigerung der Investition der Aktieninhaber.

Ganz allgemein lässt sich feststellen, dass die großen, lethargischen Staatsunternehmen ideale Organisationsstrukturen bieten für Wirtschaftsmanager, die Angst haben vor unbekanntem Neuland. Mit nur einem Mindestmaß an Risiko können sie sich dort als Kapitalisten herausputzen und der Bürgerschaft vom Podest des Privateigentümers herunter Vorlesungen halten.

Ein letztes Beispiel dieser naturgegebenen Management-Tendenzen: der kommerzielle Immobilienmarkt. Die hohe Beliebtheit der Bodenspekulation bei den Kreditgebern, also den Banken und Pensionsfonds, erklärt sich leicht dadurch, dass sie den Wert von Immobilien messen können. Dass ein Buchhalter einen so gut wie garantierten Geldwert in seine Bücher eintragen kann, macht Immobilien erheblich attraktiver als irgendeine Investition mit Risikokapital. Zwar sind diese Wertgarantien bei Immobilien zumeist eine Illusion, wie wir immer dann herausfinden, wenn der Immobilienmarkt zusammenbricht. Aber das stört den angestellten Geldverleiher nicht. Er hat ruhige Jahre ohne jede Unsicherheit hinter sich. Und wenn die Krise dann doch kommt, ist er wahrscheinlich schon befördert oder in Rente. Er verbringt sein Leben mit der Illusion eines Geldwertes, er hat es schwarz auf weiß und genau durchgerechnet. Es ist aufs Neue McNamaras Quantifizierungstraum.

Aber das nur nebenbei. Worauf es mir ankommt, ist dies: Was macht das Immobiliengeschäft so attraktiv für – jetzt nicht den Kreditgeber, sondern den Investor? Für ihn zählt nicht der Geldwert, sondern die Rendite. Das ist ziemlich genau das nicht-kapitalistische, investitionsgüterfreie Verwaltungs-Unternehmen, das die Manager-Klasse so sehr liebt.

Schon Adam Smith hat das in aller Deutlichkeit beschrieben: »Sobald der Grund und Boden eines Landes vollständig zu Privateigentum geworden ist, tun die Grundbesitzer, wie alle anderen Menschen, nichts lieber als zu ernten, wo sie nicht gesät haben, und sogar für die Produkte der Natur Pacht zu verlangen.« »Wo das Kapital vorherrscht, überwiegt immer die tätige Arbeit, beim Besitz-Einkommen immer der Müßiggang.«[5]

Und die Manager von heute sind nicht einmal Grundbesitzer. Gleichwohl ist die Investition in Immobilien eine ihrer Antworten auf ein tiefsitzendes Verlangen nach Müßiggang. Das Ergebnis haben wir seit einigen Jahrzehnten vor Augen: eine noch nie dagewesene Ballung von Bürobauten zur Unterbringung der weiter wachsenden Manager-Klasse. Zentralverwaltungen. Hauptgeschäftsstellen. Regionalgeschäftsstellen. Lokale Geschäftsnebenstellen. Bürogebäude sind der sichtbare Beweis für den Wert eines Managers. Natürlich müssen die Büros gefüllt werden, sie stellen ja wesentliche Funktionen dar. Und so wächst ein Königspalast nach dem anderen aus dem Boden. Wolkenkratzer mit mehr Quadratmetern Nutzfläche als das Versailler Schloss oder die Kaiserstadt in Peking. Hier ist für die Hofschranzen und alle, die nach der Macht ohne Verantwortung streben, das Paradies auf Erden.

Immobilien, Privatisierung, Fusionen sind nur drei Beispiele für den nicht-kapitalistischen Zeitvertreib der Manager. Es gibt einige Dutzend andere, und jedes legitimiert sich durch seine eigene Miniatur-Ideologie.

Was für einen sinnvollen Zweck hat diese ausführliche Kritik des Managers? Sagen wir es so: Es lassen sich daraus immerhin einige vermutlich hilfreiche Erkenntnisse gewinnen. Dass wir, zum Beispiel, jedes Gefühl dafür verloren haben, was bei Adam Smith »produktive Arbeit« hieß, und dass unsere Wirtschaftsexperten, Business Schools und das privatwirtschaftliche Management für diese geistige Blindheit verantwortlich sind. Dass die Wirtschaft aus der Sackgasse der Ökonometrie zu befreien ist und wieder einzubauen in eine umfassendere

Betrachtungsweise, die auch Politik, Geschichte und Philosophie einschließt. Dass Business Schools ein bedenklicher Fehlschlag sind, ein Hindernis auf dem Weg zu Wohlstand und Wachstum im gesamten Westen. Man sollte sie aus ihrer akademischen Umgebung herausnehmen und umbauen zu einem Bestandteil – von mehreren, wohlgemerkt – einer von der Wirtschaft selbst finanzierten Lehrlingsausbildung.

Wenn das ungezügelte Privatisierungsverhalten ein wachstumshemmendes korporatistisches Ablenkungsmanöver ist, dann muss der Bürger lernen, es auch als solches zu erkennen. Gerade dieses Phänomen ist ja recht leicht zu durchschauen. Erst dann können wir dieser ideologischen Beharrung auf Unvermeidlichkeiten widerstehen. Anstatt dieses fortwährende Donnergetöse von privater Eigentümerschaft, von Risiko und Produktivität stillschweigend hinzunehmen, obwohl sich die Führungsetagen der Wirtschaft weithin nur noch mit Management beschäftigen, mit dem Neumischen von Spielkarten (Fusionen und Übernahmen genannt) und der Suche nach Einkünften, müssen der Bürger und der Aktieninhaber lernen, genauer hinzusehen. Erst dann können sie entscheiden, was sie wollen, Privatisierung oder nicht oder auch eine Mischung aus beidem.

Ist das unrealistisch? Ja, und zwar solange unsere Universitäten immer wieder neue Gefangene des Management-Systems ausspucken und staatliche Rahmenregeln einen falschen Kapitalismus erleichtern, ja geradezu ermutigen.

Zum Abschluss dieses Kapitels möchte ich mich mit den vier Säulen unserer gegenwärtigen Wirtschaft befassen, vor allem mit dem verderblichen, vielleicht aber auch hilfreichen Einfluss, den sie auf unseren verwirrten, bewusstlosen Geisteszustand ausüben. Was sind diese vier Säulen? Nach der zur Zeit herrschenden Meinung sind das der Markt, die Technologie, die Globalisierung und die Kapitalmärkte.

Im letzten Vierteljahrhundert wurde unablässig der Markt beschworen als die Quelle von Freiheit und Demokratie, auch als die einzig mögliche Kraft, die uns zum Wirtschaftswachstum zurückführt. Aber selbst nach zwei Jahrzehnten haben die Vertreter dieser Theorie kein Ergebnis, das sie vorzeigen könnten. Ganz wie die mittelalterliche Inquisition haken sie sich an irgendeiner noch übriggebliebenen Nebensächlichkeit fest, die die weiterwirkende Existenz des Teufels beweisen soll. Aber sie selbst hatten doch das Sagen, sie hielten und halten immer noch die Hebel der Macht in ihren Händen – und sie haben es einfach nicht gebracht. Sie hatten sehr viel Zeit zum Experimentieren: fünfmal die Dauer eines Weltkriegs, die doppelte Regierungszeit Napoleons, der die Physiognomie ganz Europas veränderte, mehr als Stalin oder Roosevelt, deren Amtszeiten so tiefgehende Wirkungen zeigten.

Ideologen halten uns ihr gesichertes göttliches Wissen entgegen und versprechen uns das nahe Himmelreich. Aber »wie gefährlich ist es doch«, sagte Cromwell, »Gott als den gerechten Richter anzurufen.« »Du hast das Urteil des Himmels angerufen. Und der Herr hat gegen dich entschieden.«[6]

Die experimentelle Vorherrschaft des Marktes hat weder Demokratie noch Individualismus gestärkt, noch hat sie das Wirtschaftswachstum gebracht. Sie hat nur den Korporatismus gestärkt. So überrascht es kaum noch, dass gerade konsequent korporatistische Staaten, Japan, Korea und Singapur zum Beispiel, dabei am meisten profitiert haben. In den bürgerorientierten Demokratien hat die Herrschaft des Marktes zweifellos keinerlei Wachstum bewirkt.

Als ich vor einiger Zeit in Seoul war, konnte ich beobachten, wie die Polizei die Mietshäuser eines Stadtviertels evakuierte; dann drangen mehrere Hundertschaften Bereitschaftspolizei ein, um einen einzigen Arbeiter festzunehmen, der in seiner Fabrik eine Pro-Gewerkschafts-Rede gehalten hatte. Sie schlugen die Wohnungstür ein, schossen mit Tränengas hinein und nahmen ihn fest, in flagranti, er frühstückte gerade. Sie fesselten ihn mit Handschellen und schleppten ihn ins Gefängnis.

Im Fall Japan sprechen wir heute oft von einem korporatistischen Marktsystem; dabei wird nur vergessen, dass die Machtergreifung der japanischen Militärs in den 30er Jahren die unmittelbare Folge eines marktideologischen Experiments war, das schon im 19. Jahrhundert begonnen wurde.

Les Melamed, der Schöpfer der modernen Währungs-Futures (Terminkontrakte) lässt uns wissen, »der Markt ist das demokratischste Forum, das je erfunden wurde«[7]; aber in der gesamten Wirtschaftsgeschichte sehen wir nicht das geringste Anzeichen dafür. Während der Reformationszeit etwa hätte es ausreichend Gelegenheit gegeben, gegen autoritäre Mächte aufzutreten und für die Freiheit, den Individualismus oder andere Bürgerrechte einzustehen. Die großen Kapitalisten jedoch zogen lieber die Köpfe ein und schlugen sich erst dann auf eine Seite, wenn die Schlacht vorüber war.[8] Die Revolutionäre der amerikanischen Befreiungskriege, in der Mehrzahl kleine Landadlige, Handwerker und Bauern, machten eine ähnliche Erfahrung. Das Großkapital, das vor allem in New York angesiedelt war, hielt sich diskret im Hintergrund oder unterstützte die eine oder die andere Seite, je nachdem, wer gerade die Stadt besetzt hielt.

Alle Unsinnigkeiten des Anspruchs, der Markt hätte die Demokratie geboren, finden sich bereits bei dem wohlbekannten Wirtschaftstheoretiker Professor Jeffrey Sachs, der mit seinen guten Ratschlägen Michail Gorbatschow geradewegs in ein wirtschaftliches Desaster führte. Heute eilt Professor Sachs durch Mitteleuropa und predigt die segensreiche Vermählung von Demokratie und Markt. Gleichzeitig aber stellt er den Regierungen Asien als das wahre Vorbild hin, also ein korporatistisches und antidemokratisches Modell. »Sie stehen im Wettbewerb mit Thailand und Malaysia,« erläuterte er seinen Zuhörern neulich in Prag. Wenn Mitteleuropa »sich jetzt richtig verhält, kann es bis zum Ende des Jahrzehnts ein jährliches Wachstum von fünf Prozent haben.«[9]

Unsere Hauptschwierigkeit ist, dass wir in einem Mechanismus, der in der Tat notwendig ist, Eigenschaften entdecken wollen, die er einfach nicht hat. Der Markt geht der Demokratie nicht voran, weder fördert er sie, noch bringt er sie ins Gleichgewicht. Trotzdem: Zusammen mit geeigneten Regeln und Richtlinien bleibt er die erfolgreichste Wirtschaftsordnung.

Nur eines kann er auch in rein wirtschaftlichen Angelegenheiten nicht: führen, Ziele vorgeben. Der weltweite Schwund an Fischbeständen ist nur das jüngste Beispiel dafür. Die Zahl der gefangenen Fische hat sich zwischen 1950 und 1989 verfünffacht. Die Fangflotte wuchs von 585.000 Schiffen im Jahr 1970 bis 1990 auf 1,2 Millionen und umfasst mittlerweile 3,5 Millionen Schiffe.[10] Niemand sorgte sich um die lang- oder auch nur mittelfristige Erhaltung der Fischbestände; die Fischer nicht, die Werften nicht, auch nicht der Fischgroßhandel, der für seine Produkte, Düngemittel und Hühnerfutter eingeschlossen, immer neue Abnehmer fand, und ebensowenig die Kapitalgeber. Das war auch nicht ihr Job. Ihr Job war die Besorgung ihrer eigenen Interessen.

Warum haben dann auch die Regierungen versagt und keine brauchbaren langfristigen Fangvorschriften erlassen? Vor allem deshalb, weil wir in einer korporatistischen Gesellschaft leben, in der das Gemeinwohl nur noch eine minimale Rolle spielt und von den Manager-Regierungen nur noch erwartet wird, dass sie sich auf »Interessen-Vermittlung« konzentrieren, wie das bei den Neo-Korporatisten heißt. Für vorausschauendes Denken ist auf allen Ebenen kein Raum mehr, weil auch kein Raum mehr ist für interessefreie Uneigennützigkeit. Es scheint, als sei eine ernste Krise vonnöten, um die Regierungen wachzurütteln und sie an ihre Führungsverantwortung zu erinnern. Allenfalls in einer derartigen Krise halten sich die korporatistischen Gruppen zurück und erlauben der Regierung, ihre eigentliche Arbeit zu tun.

Bei der Umweltverschmutzung durch die Industrie ist es ganz dasselbe. Robert Heilbroner sagt in einer Vorlesungsreihe dazu Folgendes:

»Den Stahlproduzenten fehlt jeglicher Anreiz, ihre Umweltverschmutzung zu reduzieren, da sie die Reinigungs- oder Gesundheitskosten, die durch ihre Produktionsweise nötig geworden sind, nicht tragen müssen. Dementsprechend dient der Marktmechanismus eben nicht genau dem Zweck, den er angeblich erfüllen soll – nämlich die Gesellschaft exakt über die relativen Kosten zu informieren, die durch bestimmte Produktionsverfahren entstehen.«[11]

Mit anderen Worten, der Markt ist nur dazu fähig, seine eigenen Kosten exklusiv zu kalkulieren; er schließt aus seiner Rechnung alles aus, was seinem Gewinn im Wege steht. Jedoch: Die Führung einer Gesellschaft verlangt eine umfassende, inklusive Kostenrechnung.

Indem wir ständig an den Markt appellieren, als riefen wir den Heiligen Geist herab, beschränken wir uns selbst auf eng begrenzte, alles andere ausschließende Kurzzeitinteressen.

Unsere Redeweise wird sogar noch unterwürfiger, wenn wir vor der zweiten Säule der Wirtschaft stehen, der Technologie. Dabei ist sie zur Führung ebenso unfähig wie der Markt. Wenn die Klasse der Technokraten derart häufig die Technologie beschwört, so deshalb, weil deren leblose Produkte auf ihrer eigenen Bahn um die Welt gehen und damit die mangelnde Führungsfähigkeit der Manager verschleiern. Mittels Urheberrechten jedoch können die Unternehmen diese Apparate in ihrem Besitz halten und daraus Einkünfte beziehen.

Das ist der Grund für die triebhafte Besessenheit von Großunternehmen in den letzten Jahren, das internationale Urheberrecht auszubauen.

Erst neulich musste ich wieder einmal an diese typisch moderne Technologieverehrung denken. Es war in Paris. Ich ging gerade vorbei an den schmiedeeisernen, grüngestrichenen Jugendstil-Toiletten im Park an den Champs Élyées. Hierher brachte der Erzähler in Marcel Prousts *Auf der Suche nach der verlorenen Zeit* seine Großmutter, wenn sie zusammen spazieren gingen. Im Innern des winzigen Pavillons war eine Frau, die sauber machte und das Trinkgeld der Besucher entgegennahm. Hier war sie zuhause, hielt sie Hof, wies unzuträgliche Besucher ab, auch wenn diese ihr Etablissement noch so dringend benötigt hätten. Jeder kannte sie als *la Marquise*. In einer solchen Toilette erlitt Prousts Großmutter zuletzt einen Schlaganfall.

Neugier und Bedürfnis lockten mich näher heran. Es war immer noch eine öffentliche Toilette von hohem Qualitätsstandard. Das Innere jedoch hatte man modernisiert, sodass nun die drei Toiletten und die zwei Pissoirbecken nur noch durch Drehkreuze zugänglich waren, für die man eigene Marken brauchte. Das Unangenehme war nur, dass diese neuartige Kontrolltechnik die Hälfte des verfügbaren Raumes verbrauchte und also für das wirklich Nötige, die Toiletten und die Becken, nur ein Drittel davon übrig blieb. Man musste erst durch das Drehkreuz hindurch und sich dann, wenn das erste Becken besetzt war, zwischen der Zugangskontrolltechnik und dem Mann, der sich gerade erleichterte, irgendwie hindurchquetschen, und zwar ohne den armen Kerl dabei in sein Becken zu schubsen. Das war keine Kleinigkeit. Wäre das zweite Becken ebenfalls in Benutzung gewesen, so hätte ich dasselbe Problem noch einmal und beim Verlassen dieses Systems womöglich wieder gehabt. Prousts Großmutter hätte der Schlag schon viel früher getroffen, wenn sie mit so einer zur besseren Bewegungsfreiheit installierten Technologie hätte klarkommen müssen.

Nun gut, vieles an moderner Technik macht uns das Leben tatsächlich leichter. Aber das sind selten mehr als verbesserte formale Äußerlichkeiten. Inhalte werden davon allenfalls indirekt berührt, was das hohe Interesse des modernen Managers an Systemtechnologie gut erklärt. Man nehme als Beispiel nur Windows 95, das neue Betriebssystem von Microsoft: Das Geld, das für die Markteinführung ausgegeben wurde, die wichtigtuerische Happening-Atmosphäre dabei, die Fachartikel über die Vorteile oder die mangelnden Vorteile des Systems, die neuartige Macht, die uns durch die neue Technologie in die Hand gegeben würde. Das hört sich dann im Originalton so an:

Windows 95 »verschafft Ihnen einen Platz, wo sie Dinge wegwerfen können«. Windows 95 – »und Sie finden die einfachste Art und Weise, eine Anwendung zu starten, Hilfe zu erhalten oder eine gesuchte Datei zu finden«. »Sie können eine Datei mit jedem gewünschten Namen benennen ...«

So kleinschrittige bürokratische Errungenschaften – vom verringerten Arbeitsaufwand abgesehen – sind in Wahrheit und wörtlich genommen ein gewaltiger Schritt rückwärts, wenn man ihnen Max Webers technokratischen Ideal-Maßstab anlegt. Die Maschine reduziert selbst unsere einfachsten Handlungen auf ihr eigenes Leistungsniveau.

Noch so ein Zitat:

»Beginnen Sie zu verstehen – Ein schnellerer Weg zur Hilfe, genannt ›Antwort-Assistent‹, erlaubt Ihnen, Fragen in Ihren eigenen Worten zu stellen. Fragen Sie: ›Wie kann ich eine Seite im Querformat ausdrucken?‹«[12]

Was für ein aufsehenerregender Gebrauch des Wortes »verstehen«! Das also ist seine Bedeutung? Etwas, das nichts mit Denken zu tun hat, sondern bloß mit minimalen technischen Handgriffen?

Auf annähernd ebenso niedrigem Niveau wird die Kommunikationstechnologie zur Zeit an unseren Schulen eingeführt. Was nichts anderes ist als ein neuer Schreibmaschinen-Kurs, wird so dargestellt, als legte er die Grundlagen einer Erziehung. Natürlich ist eine Vermittlung von elementarem technischen Training sinnvoll. Aber sie als bedeutender hinzustellen, als sie ist, heißt die Schüler an eine Technik fesseln, die veraltet ist, wenn sie ihr Abitur machen. Die so vergeudete Zeit beraubt sie zudem einer grundlegenden Hinführung zu Denkweisen und Kenntnissen, die ihnen bei der Befassung mit der sich laufend wandelnden Welt behilflich sein könnten.

Immer mehr Schulen geben einen Großteil ihres Budgets für Computer und Computerprogramme aus. Sind die Geräte installiert, dann reihen sich ganze Klassenzimmer von Schülern hinter diesen Maschinen auf, wo sie nun, voneinander isoliert, ihren Unterricht bekommen von einem Ding, das bei weitem nicht so intelligent ist wie ein Mensch. Eines der wesentlichen Erziehungsziele, insbesondere in einer Demokratie wird damit hingeopfert: den Einzelnen zu zeigen, wie sie *miteinander* in einer Gesellschaft tätig werden können.

Man wird bemerkt haben, dass ich keineswegs behaupte, diese Technologie sei unnötig oder könne etwa nicht hilfreich sein. Aber sie ist eben eine bloße Maschinerie und als solche hilfreich oder zerstörerisch je nach der Zielrichtung, die wir ihr geben. Schauen wir, um es an einem Beispiel zu verdeutlichen, noch einmal auf die Anfänge der heutigen technologischen Revolution zurück. Robert Owen, einer der erfolgreichsten Fabrikbesitzer im frühen 19. Jahrhundert, war überzeugt, die Entwicklung der Maschinen werde eine Welt der Gerechtigkeit und der Gleichheit, eine ethische Welt herbeiführen. Und nicht nur das: Der hohe Wirkungsgrad der Maschinen werde die Menschen bis auf ein paar Stunden täglich von aller mühseligen Arbeit befreien.[13] Stattdessen hat der Markt diese ergiebigen Maschinen dazu benutzt, Arbeitsplätze zu vernichten und gerade in den letzten zehn Jahren Löhne und Arbeitsbedingungen auf einen noch tieferen Stand zu drücken. Auf diese Weise kommt die Entwicklung wieder bei jenem Zustand an, den Robert Owen für ein kurzfristiges, nur mit dem Frühstadium der Technologie verknüpftes Phänomen hielt. »Seit der allgemeinen Einführung lebloser Maschinerien in die britischen Manufakturen, wird der Mensch, von wenigen Ausnahmen abgesehen, als zweitrangig und der Maschine unterlegen behandelt.«[14]

Damit ist zutreffend das System beschrieben, das der Taylorismus am Beginn des 20. Jahrhunderts einrichtete. Frederick Taylors »Rationalisierung«, sein »wissenschaftliches Management« betrachtete Männer und Frauen als mechanische Gebilde, die zusammen mit Maschinen gemanagt werden müssen. Das war der Kern seiner Lehre, die in der Harvard Business School ihre Heimstätte fand. Taylors Lehrsätze sind noch immer das Fundament des Unterrichts an den meisten Business Schools unseres Jahrhunderts.

Hat die neue Kommunikationstechnologie daran etwas geändert? Microsoft, ganz klar, ist davon nicht überzeugt, wenn wir seine Erklärungen zu Windows 95 ernst nehmen. Aber auch der Markt denkt offensichtlich nicht so, sonst hätte er die so effektiven Techniken dazu benutzt, Arbeitsstunden statt Arbeiter überflüssig zu machen. Stattdessen schiebt er das Problem der Arbeitslosigkeit weiter an die Regierung, die sich ihrerseits auf das absolute Minimum verschlankt.

Bieten uns die neuen Kommunikationstechnologien die Chance für einen Wandel? Nun ja, damals, als die Druckerpresse eingeführt wurde, war das Ergebnis nicht eine wirtschaftliche, sondern eine humanistische Revolution, vorangetrieben durch die Sprache, religiöse Überzeugungen und eine Lust auf Verständnis – da hatte sich die Welt in ihren Tiefen gewandelt. Aber die Druckerpresse war von Anfang an unabhängig von Regierungs- und Wirtschaftsinteressen. Darin lag ihre Macht.

Die hochtechnologischen Kommunikationsmittel haben jedoch ganz andere Ursprünge. Die treibenden Kräfte ihrer Entwicklung waren Regierung und Industrie auf der ständigen Suche nach Kontrollmechanismen. Kaum bestehen die Datenautobahnen im Internet, da werden sie bereits von staatlichen und privatwirtschaftlichen Interessen als Kontrollsysteme und Verkaufsmaschinen besetzt und aufgeteilt. Kann sich die Technologie selbst befreien? Nein, denn sie sucht nicht die Freiheit. Können ihre Benutzer, Schriftsteller, Büchermacher und Bücherleser, sie so benutzen, wie sie einst die neue Druckerpresse benutzten? Vielleicht, nur sind die Möglichkeiten dazu augenblicklich alles andere als klar.

Ich sage das, weil die schiere Größe der multinationalen Unternehmensgruppen, innerhalb und außerhalb der Kommunikationstechnologie, dem unabhängigen Einzelnen kaum Spielraum übriglässt. Ich erwähnte bereits die Aufspaltung der Sprache in den wirkungslosen öffentlichen Bereich und die wirkungsvollen korporatistischen Instrumente Rhetorik, Propaganda und Dialekt. Im Endergebnis überschwemmt uns die Herrschaft des Korporatismus mit uninformativer Information. Schon stopfen staatliche Ministerien und Körperschaften ihre Rhetorik und Propaganda ins Internet, natürlich im Namen und zugunsten einer öffentlichen Diskussion.

Als dritte Säule der Wirtschaft nannte ich die Globalisierung. Hier wird Adam Smiths »unsichtbare Hand« am häufigsten beschworen. Wenn man sich aber genauer ansieht, was er wirklich sagte, findet man meist nur konkrete Bezüge auf einen tatsächlichen Marktplatz. Nur ein Beispiel: »Gäbe es in einem Gebiet irgendeinen Erwerbszweig, der offensichtlich mehr oder weniger Vorteile bringt als die übrigen«[15], so ergäbe sich ein passender Durchschnittslohn. Smith betrachtete den von selbst ins Gleichgewicht kommenden Markt als eine einfache und begrenzte Veranstaltung, bei der jeder Beteiligte die gegebenen Wahlmöglichkeiten klar erkennen kann. Eine englische Kleinstadt zur Frühzeit der Industrialisierung hatte beispielsweise vier kleine Fabriken, alle in derselben Branche tätig, jede an einer Seite desselben Marktplatzes. Die Eigentümer konnten sich über den Platz hinweg gegenseitig ins Fenster schauen. Sie wohnten in derselben Straße. Und das Leben und Treiben der Arbeiter war ein und dasselbe, wenn sie am Ende ihres Arbeitstages aus ihren Hallen auf dem Platz zusammenkamen. Unter solchen Umständen ist es möglich, schnell ein Gleichgewicht zu erreichen. Ganz egal, ob Adam Smith damit recht hatte oder nicht: Er beschrieb jedenfalls eine völlig andere Situation als den globalisierten Markt, der keine Begrenzungen mehr kennt. Hier, ohne Mitte und festen, überschaubaren Umriss, pendelt sich nichts mehr ein, schon gar nicht ein stabiler Ruhezustand.

Aus diesem Grund erleben wir derzeit jahrein, jahraus ein fortdauerndes Wachstum des globalen Handels, ohne dass dieses Wachstum zu einem gesteigerten Wohlstand des Einzelnen führt. Man macht uns weis, das höhere Handelsvolumen werde das Wirtschaftswachstum beleben. Aber der Welthandel hat schon lange einen historischen Höchststand erreicht und zeigt doch keinerlei Wirkung auf irgendeine Schlüsselindustrie.

Vor einigen Jahrzehnten mussten wir uns sagen lassen, man müsse nur die Inflation besiegen, dann würde sich das Wachstum beleben. Dann hieß es, zur Belebung der Wirtschaft müssten die Unternehmen ihr »überflüssiges Fett« loswerden, also abspecken. Dann stellte sich heraus, das Problem war das überflüssige Fett in Staat und Regierung. Dann sollte die Rettung durch den wachsenden Handel kommen. Das alles haben wir gemacht und durchgemacht. Und passiert ist nichts. Unter den richtigen Bedingungen kann der Handel wie alle anderen Marktmechanismen sinnvoll und hilfreich sein. Von allein aber löst er nicht die Probleme der Gesellschaft.

Es ist ja auch nicht das erste Mal, dass wir den Handel so in den Himmel heben. Wer die zweite Hälfte des 19. Jahrhunderts genauer untersucht, erkennt, dass schon damals die Effekte der Freihandelsbewegung recht gemischt ausfielen. Deutschland trat einen ungeordneten Rückzug an. Japan endete, wie erwähnt, in einer Militärdiktatur. Sogar England, der Missionar dieser Bewegung, konnte gegen Ende des Jahrhunderts das quälende Knirschen in seinem Wirtschaftsbetrieb nicht mehr überhören.

Aber der Handel ist nur ein Aspekt der Globalisierung. Mit höherer Dringlichkeit als bei allen anderen Veränderungen in unserer Welt wird uns diese als besonders unvermeidlich und unbeherrschbar dargestellt. Wenn da einer nun gegen die schädlichen Auswirkungen dieser Entwicklung hinsichtlich Arbeitsplätzen oder Lebensstandard protestieren möchte, so könnte man ihm ebensogut die Antwort der obersten Göttin Hera in Homers *Ilias* entgegenhalten: »Welch ein Wort, Kronion, du Schrecklicher, hast du geredet? Einen sterblichen Mann, längst ausersehn dem Verhängnis, denkst du jetzt von der Tods graunvoller Gewalt zu erlösen?«[16] Mit der Globalisierung sind wir zutiefst in den Willen noch höherer Mächte als der Götter verstrickt. Sie ist das »Große Schicksal«, die schärfste Form der Ideologie. Was sie bewirkt, zählt nicht. Ein »Großes Schicksal« muss sich erfüllen.

Die Singapurer haben sich gerade ein bemerkenswertes Experiment vorgenommen. Sie entwickeln auf der vorgelagerten Insel Batam, auf indonesischem Territorium, mehrere Industrieparks. Der erste soll 50.000 Arbeiter beschäftigen. Singapur hat ein Problem: Es ist die perfekte korporatistische, das heißt Manager- und Marktzivilisation im Kleinformat. So gut wie keine Demokratie, kaum Redefreiheit, Einschüchterung des Individualismus, aber ein hohes Bildungsniveau, hoher Lebensstandard und dementsprechend hohe Löhne.

Also errichten sie auf Batam ein zollfreies Schutzgebiet für industrielle Billigprodukte. Genau vor ihrer eigenen Haustür. Ausländische Firmen werden die Singapurer bitten, ihnen dort Fabriken zu bauen und zu organisieren. Auf der Basis von Zwei-Jahres-Verträgen werden Indonesier für die Arbeit gestellt, bei einem Monatslohn von 260 Dollar, alle Nebenkosten eingeschlossen. Dazu braucht man keine Sozialeinrichtungen, keine langfristigen Verpflichtungen gegenüber den Werktätigen und natürlich schon gar keine Gewerkschaften.

Mit anderen Worten: Man schafft ein Produktionssystem innerhalb der Globalisierung, aber außerhalb jeder Zivilisation. Der Ort hängt seltsam in der Schwebe, existiert allein für die Erzeugung von Waren, eine Mondlandschaft, nicht das geringste Lebenszeichen einer humanen Gesellschaft. Für die Ausdehnung der Geschäftstätigkeit nach China verwendet man bereits dasselbe Modell. Diese zollfreien Industriegebiete sind nur das jüngste der neuen Entwicklungsmuster, die im Westen Regierungen und Arbeitnehmer unter Druck setzen, sodass sie ihre Forderungen an die multinationalen Unternehmen noch weiter zurücknehmen.

Wahrscheinlich ist der entscheidende Effekt der Globalisierung, dass sie die Regierungen dazu zwingt, die Steuerlast von den Großunternehmen auf die arbeitende Mittelschicht zu verlagern. Wenn dann die Lohnsteuersätze nicht noch höher steigen können, geht die Verlagerung trotzdem weiter, durch direkte Steuern auf Waren und Dienstleistungen. Eine aufschlussreiche Rückbesinnung: Schon Karl V., Kaiser des Heiligen Römischen Reiches Deutscher Nation im 16. Jahrhundert, verfolgte dieselbe Steuerpolitik. Alles, was er damit erreichte, war der Stillstand des Wirtschaftswachstums trotz der Gold- und Silbermengen, die ihm aus den lateinamerikanischen Kolonien zuflossen. Man erkennt in diesem fluktuierenden Edelmetallverkehr das frühe Ebenbild unserer explodierenden Finanzmärkte. David Hume sagte dazu: »Es fällt den Reichen unter einer Willkürherrschaft leicht, sich [gegen die Mittelschicht] zu verschwören und die ganze Last der Steuern auf deren Schultern zu drücken.«[17]

Hier mag man antworten: »Nun gut, vielleicht haben wir eine korporatistische Gesellschaft, aber doch keine Willkürherrschaft, keine gesetzlose Regierung.« Selbstverständlich nicht. Aber unsere Regierungen können überhaupt keine Steuern mehr festsetzen für die Unternehmen in ihrem Staatsgebiet. Das geschieht mit hoher Willkürlichkeit durch eine abstrakte Ersatz-Regierung, genannt globalisierte Wirtschaft. Der tatsächliche Steuersatz für Großunternehmen liegt im Westen heute bei etwa 13 Prozent. In Worten: Dreizehn. Steigt der Steuersatz, geht das Unternehmen eben woanders hin. Das heißt: Die Höhe der Besteuerung, die bisher von der Regierung festgelegt wurde, wird jetzt von der globalisierten Wirtschaft festgelegt. Man braucht den obigen Satz von Hume also nur ein wenig umzuschreiben: Es fällt den multinationalen Unternehmen in der Willkürherrschaft eines globalen Systems leicht, die ganze Last der Steuern auf die Schultern der Mittelschicht zu drücken.

Da diese Gesellschaftsschicht nicht genügend Geld besitzt, um den Staat zu finanzieren, endet die Umschichtung der Steuerlast zuerst in einem Rückgang der Staatseinnahmen, dann in steigender Staatsverschuldung und schließlich bei der Streichung öffentlicher Dienstleistungen.

Was aber geschieht mit dem nicht-versteuerten Geld der

Unternehmen? Wenn es wenigstens richtig re-investiert würde, dann wäre das damit geschaffene Wachstum vielleicht das Opfer, das die Gesellschaft erbringt, der Mühe wert. Vielleicht. Die Manager indessen, ich sagte es schon, verschwenden die ungeheuren Unternehmensgewinne für solche Dinge wie Fusionen und Übernahmen und privatisierte Staatsunternehmen, was mit ziemlicher Sicherheit kein Wachstum erzeugt, ganz zu schweigen von ihren Büro-Hochhäusern und ihren Spitzengehältern.

Die wohl unangenehmste Folgeerscheinung des Verlustes an Unternehmenssteuern ist der Anstieg des staatlich organisierten Glücksspiels. Hunderte Millionen, in manchen Ländern Milliarden Dollar werden dafür aufgebracht, zumeist von Menschen ohne jede andere Hoffnung im Leben. Der Zyniker wird sagen: Die wollen es ja nicht anders. Aber es sind die Regierungen dieser Bürger, die sonst andauernd mehr Gründer-Initiativen und die Notwendigkeit des Ärmelaufkrempelns predigen, jetzt aber plötzlich in riesigen Werbekampagnen dieselben Bürger auffordern: »Entfliehen Sie dem Alltag!« für nur zwei Dollar und mit einem möglichen Gewinn von tausend Dollar. Oder »Eine Million sofort!« versprechen für einen Einsatz von fünf Dollar.

Das alles gab es schon einmal: Auch die Frühzeit der industriellen Revolution hatte ihre staatlichen Lotterien. In ihrer Verwirrung durch die Unruhe und Unordnung in der Gesellschaft suchten die finanzschwachen Regierungen ihre Zuflucht beim Glücksspiel. Genau wie heute sollten die Lotterien die ärmeren und schlechter ausgebildeten Menschen bei Laune halten.

Die spürbarsten Erfahrungen des Bürgers in der Globalisierung sind die Arbeitslosigkeit und der geringere Wert der Arbeit. Hier klopft das »Große Schicksal« besonders drohend an die Tür. Augenscheinlich kann niemand etwas dagegen tun.

Die Regierung verspricht die Schaffung neuer Arbeitsstellen, aber – so die internationale Bank der Zentralbanken (die Bank für Internationalen Zahlungsausgleich) 1993 – vergeblich: »Selbst unorthodoxe Maßnahmen haben anscheinend keine Abhilfe geschaffen gegen den wachsenden Trend zur Arbeitslosigkeit.«[18] Die Moralpredigt der Neo-Konservativen zu mehr selbständiger Eigenhilfe ist zynisch, da sie sehr gut wissen, dass dies kaum eine Wirkung zeigen kann. Was soll der einzelne Bürger also tun, allein gegen das globale System, das ganze Regierungen in die Knie zwingt? Wenn die Apostel des Marktes sogar die Ermahnung ihres Halbgotts Adam Smith missachten, dass für Wachstum und Wohlstand hohe Löhne nötig sind? Er sagte es gleich mehrmals: »Die reichliche Entlohnung der Arbeit ist somit nicht nur Folge, sondern natürliches Kennzeichen eines zunehmenden Wohlstands.«

Oder:

»... so daß man deren (der Dienstboten und Arbeiter) verbesserte Lebenslage wohl niemals als Nachteil für das Ganze betrachten kann.«

Oder:

»Dort, wo die Löhne hoch sind, finden wir daher die Arbeiter immer fleißiger, gewissenhafter und auch schneller bei der Hand als dort, wo sie niedrig sind.«[19]

Unsere Markttheoretiker wollen auch nicht sehen, dass es unmöglich ist, noch lange mit 35 bis 50 Millionen Arbeitslosen im Westen einfach weiterzumachen. Unter solchen Lebensbedingungen kann keine Gesellschaft auf Dauer bestehen. Als die Ludditen, die englischen Maschinenstürmer zu Beginn des 19. Jahrhunderts, ein paar Fabriken in Brand steckten, war das ein örtlich begrenztes Überschäumen erbitterter Bürger, der Opfer der frühen Automatisierung. Es war aber auch, allgemeiner, ein unbewusstes Warnsignal, dass es so nicht weitergehen konnte.

Die Gesellschaft schlug die Warnung in den Wind. Genauer: Fünf Ludditen wurden gehängt, die übrigen in die Strafkolonie gesteckt. Danach, im Jahr 1813, herrschte wieder Ruhe im Land. Wenigstens oberflächlich. Aber die Missstände, vor denen diese ausgestoßenen Handwerker warnten: unerträgliche Arbeitsbedingungen, hemmungsloser Vorrang der Maschine vor dem Menschen und eine vom Markt beherrschte Gesellschaft, führten in der Folge zu zwei Jahrhunderten einer unliebsamen Spaltung der Gesellschaft. Und dies bescherte uns sowohl den Kommunismus wie den Faschismus, gar nicht zu reden von einer schier endlosen Kette von Aufständen und Bürgerkriegen. 150 Jahre lang waren Straßenrevolten ein tagtägliches Ereignis und endeten gewöhnlich in einer Kavallerieattacke und im Feuer der Flintensalven. Selbst die zwei größten Massaker des Westens, die beiden Weltkriege, waren das Ergebnis unserer Unfähigkeit, das selbstzerstörerische Schisma in der Gesellschaft zu bewältigen. Jetzt endlich, in den letzten 50 Jahren, haben wir es geschafft, die brennende Lunte einer so explosiven Spaltung auszutreten – eine bemerkenswerte, wenn auch quälend langsam herbeigeführte Leistung.

Wenn heute einer behauptet, die schlimmen Folgen der Globalisierung seien eben unser Schicksal, so sagt er damit, dass eine neue Kampfrunde gesellschaftlicher Spaltungen und Gewaltausbrüche ebenfalls unser Schicksal seien. Im Klartext: der zusammengebrochene Arbeitsmarkt, der immer tiefer sinkende Lebensstandard, der Verlust an fairen Ausgleichsregelungen, das Dahinschwinden der Steuereinnahmen von Großunternehmen und die Streichung von Sozialleistungen – all das ist nun mal unvermeidlich, und so fangen wir mit der Spaltung der Gesellschaft und ihren endlosen, ergebnislosen Schlachten noch einmal von vorne an.

»Ein Land, des raschen Übels Beute, stirbt,
Wo Reichtum schwillt, indes der Mensch verdirbt.«

Oliver Goldsmith schrieb diese Zeilen in seinem langen, bewegenden Nachruf auf *Das verlassene Dorf* im Jahr 1770, während der ersten Welle der Landnahme durch die Industrialisierung in England. Zugegeben, unsere heutigen Schwierigkeiten sind erheblich komplizierter, aber zum Ausgleich haben wir sinnreichere Gegenmittel zu ihrer Bewältigung. Denn jedes Kennzeichen der Globalisierung, das dieses Ereignis so unbeherrschbar erscheinen lässt, erleichtert in Wahrheit seine Beherrschbarkeit.

Durch die moderne Technologie ist es leichter als früher, Ausgleichsregelungen weltweit durchzusetzen. Politische Leitlinien verkommen nur deshalb immer wieder zu Papierformeln, weil viele Länder – abgesehen vielleicht von der Europäischen Union – sich nicht darauf verständigen können, welche Maßstäbe nun gelten sollen. Aber diese Aufgabe ist zu ernst, um den Technokraten dabei die Führung zu überlassen. Sie ist eine im reinsten Wortsinn politische Angelegenheit, das heißt eine Sache der Bürger, die durch ihre Mitwirkung internationale Vereinbarungen einfordern können.

Die Geschichte der internationalen Handelsabkommen zeigt deutlich, wo sich die Interessen der Korporatisten verstecken. Aber diese Verträge beweisen ebenso, dass es sehr wohl möglich ist, konkrete zwischenstaatliche Vereinbarungen zu treffen, voll präziser Detailregelungen, die eine unmittelbare Wirkung auf den Marktmechanismus ausüben. Es ist nur bisher so, dass die Bürgerschaft sich zu wenig Mühe gab, für die öffentliche Diskussion in ihrem eigenen Land (geschweige denn auf internationalem Niveau) eine ausgeglichenere Tagesordnung durchzudrücken. Nicht ein Hickhack über bloß lokal bedeutsame, komplizierte und kostspielige Belohnungs- und Straftarife ist jetzt vonnöten, sondern der volle und anspruchsvolle Gebrauch unserer Klugheit, um damit umfassende Methoden zur Sicherung des Lebensstandards zu schaffen. Möglicherweise waren die Deutschen, wenigstens innerhalb ihres Landes, auf diesem Weg am erfolgreichsten.

Hume gründete völlig zu Recht seine Wirtschaftslehre auf die Anwesenheit einer »ordnungsgemäßen Regierung«.[20] Auf die Herrschaft des Rechts. Seine Wirtschaft verlangte noch keine Demokratie, sie verlangte aber geregelte Zustände, Stabilität und Durchsetzungsfähigkeit.

Tagtäglich können wir beobachten, wie unsere nur an der Oberfläche demokratische, aber zutiefst korporatistische Gesellschaft durch die Ungeordnetheit der Globalisierung – ich könnte auch sagen: das Fehlen einer ordentlichen Regierung – wirtschaftlichen Schaden erleidet. Der Korporatist ist für die Lösung dieses Problems der falsche Mann. Denn wir stehen abermals vor dem alten Widerspruch zwischen der Verwirklichung von Eigeninteressen und der dringend notwendigen weiträumigen Uneigennützigkeit. Und allein die Demokratie kann uns dabei Anführerin sein.

Ich schließe dieses Kapitel mit einer Komödie, vielleicht ist es eine Tragikomödie.

Die Finanzmärkte werden heute als die vierte Säule der modernen Wirtschaft angesehen. Sie sind derzeit das fruchtbarste Feld wirtschaftlicher Tätigkeit, das ergiebigste seit sehr langer Zeit. Jeden Tag schieben die Währungshändler eine Billion Dollar in der Welt herum.[21] Das sieht so aus, als wäre eine ganze Menge Geld vorhanden und verfügbar, und wenn nur ein Bruchteil davon als Steuern bezahlt würde, so wären die meisten unserer staatlichen Finanzierungsprobleme behoben.

Nur leider, es gibt da zwei kleine Schwierigkeiten. Erstens ist dieses Geld für die Steuer unerreichbar. Und zweitens, noch wichtiger, es existiert eigentlich gar nicht. Geld ohne

Bezug zu einer Wirklichkeit ist imaginär. Es ist die reine Inflation. Schlagen wir noch einmal bei Hume nach:

»Geld ist, genau besehen, kein Gegenstand des Handels, sondern nur das Mittel, auf das sich die Menschen geeinigt haben, um den Austausch einer Ware gegen eine andere zu ermöglichen. Es gehört nicht zu den Antriebsrädern des Handels. Es ist das Schmieröl, das die Bewegung der Räder weicher und leichter macht.«[22]

Oder bei Adam Smith:

»Geld ist weder ein zu bearbeitender Rohstoff, noch ein zur Arbeit geeignetes Werkzeug.«[23]

Wer sich willenlos den Marktkräften ergeben hat, zeigt wenig Neigung, beim Thema Geld Hume oder Smith zu erwähnen. Der Grund dafür ist einsichtig. Die Wirtschaftswissenschaftler der Chicago School of Economics und ihre Kollegen verwickeln sich hier in vollendete Widersprüche. In Wirklichkeit sind sie bereits zu den Feinden von Hume und Smith übergelaufen, zu den Merkantilisten, die – unter anderem – glaubten, Geld hätte einen Wert an sich. Auch in ihrer Wertschätzung der multinationalen Unternehmen, dieser modernen Version der königlichen Monopolbetriebe, stehen sie auf der Seite des Merkantilismus. Auf den ersten Blick erscheint ein so flagranter Widerspruch ungeheuerlich. Aber nur dann, wenn man ihnen den Anspruch, die Theoretiker des freien Marktes zu sein, abnimmt. Ihre Behauptungen ergeben erst dann einen Sinn, wenn man sie als die korporatistischen Theoretiker einer Manager-Gesellschaft erkennt.

In der Sache der Finanztransaktionen haben Smith und Hume völlig recht. Die Aufgeblähtheit dieser Märkte finanziert keinerlei Wachstum, da ein Geldmarkt ohne Bezug zu tatsächlich finanzierter Aktivität reine Inflation ist. Und zudem eine sehr esoterische, reine Form der Ideologie. Das ist so, als wäre Mao Zedong als Manager eines Sicherungsfonds für Termingeschäfte wiedergeboren und verkündete seine finanzielle Revolution unter dem Schlagwort »Lasst tausend rote Hosenträger blühen!«*

Ein Merkmal dieser Trennung von Geldmärkten und Wirtschaft sind die rätselhaften Zinssätze. Seit Smith und Hume, ja seit dem antiken Athen besteht allgemein Einigkeit darüber, dass niedrige Zinsen üblicherweise Wachstum hervorrufen. In den 80er und 90er Jahren jedoch führten niedrige Zinssätze beharrlich zu Inflation. Aus zwei Gründen. Erstens war die Wirtschaft bereits angefüllt mit einer grenzenlosen Inflation, mit den Geldmärkten zum Beispiel. Und zweitens wirkte das Fehlen jeder Regulierung in diesem Bereich geradezu als Ansporn zur Spekulation. Unter dem Strich sind denn auch alle Geldmärkte gar nichts anderes als genau das: Spekulation wie eh und je, nur jetzt betrieben von raffinierten Neo-Technokraten. Als wäre der Finanzbankrotteur John Law zurückgekehrt, mit noch übleren Projekten als damals im 18. Jahrhundert, und erklärte den Südsee-Skandal, der 1720 Tausende von Kleinanlegern an den Bettelstab brachte, zur Wohltat für die Menschheit. Wenn eine Gesellschaft den Diebstahl erlaubt und derart belohnt, dann wird natürlich in Diebstahl investiert.

Gerade weil die Geldmärkte reine Spekulation sind, lassen sie sich auch besonders leicht regulieren. Ganz unkomplizierte Vereinbarungen zwischen den OECD-Staaten könnten dieses instabile Durcheinander weitgehend zum Verschwinden bringen. Es wird gern behauptet, das Bretton-Woods-Abkommen sei unter der Wucht der Marktkräfte zusammengebrochen. Dem müsste man entgegenhalten, dass durch Bretton Woods, diesen ersten Versuch einer internationalen Währungsregulierung, 30 Jahre Wachstum abgesichert wurden mit vergleichs-

---

* Die besonders umtriebigen oder – wenn man so will – dynamischen Finanzmakler Nordamerikas werden von Karikaturisten gern in Hemdsärmeln und auffällig breiten, farbenfrohen Hosenträgern typisiert (Anm. d. Übers.).

weise niedrigen Inflationsraten und wenigen Konjunkturab-
schwächungen. Was uns die regulierten Geldmärkte gebracht
haben, sind mehr als 20 Jahre Krise, Instabilität, grundlose Spekulation und keinerlei reales Wachstum.

Ist aber Wachstum wirklich das, was wir brauchen oder
wünschen? Viele Sozialkritiker sind der Meinung, wir hätten
eine so entfesselte Wachstumsperiode hinter uns, dass sie
zwangsläufig irgendwann einmal an ihr Ende kommen
müsste. Sie sprechen nun von der Notwendigkeit solcher
Dinge wie einer nachhaltigen Entwicklung. Die korporatistischen Manager-Eliten reagierten darauf, wie man es nicht anders von ihnen erwarten konnte. Unfähig, über ihre eng um-
schriebenen Interessen hinauszusehen und ein größeres Gesamtbild in den Blick zu fassen. Ein solches Gesamtbild ist für
sie lediglich eine ideologische Abstraktion. Konkret und praktisch existiert es einfach nicht.

Sie starren wie gebannt auf die Wachstumsvorstellungen
des 18. und 19. Jahrhunderts, die alles in allem nur die Warenproduktion betrafen, insbesondere die Intensivierung der Pro-
duktionsgüterindustrie. Unserer heutigen Gesellschaft jedoch
ist das Weitergehen auf diesem Weg offensichtlich verbaut.
Wir haben keinen wirklichen Bedarf an weiterer Produktions-
steigerung. Also machen sich unsere Eliten an die Arbeit, sich
eine Imitation, ein Wachstumsmärchen auszudenken. Wir
wissen bereits: Eine korporatistische Gesellschaft schüchtert
wirkliche Kreativität ein, sie fördert die Selbsttäuschung. Und
was wir beim Thema Wachstum gerade erleben, ist eine wie
wahnsinnig um sich greifende Selbsttäuschung. Ein schlagendes Beispiel dafür sind die Geldmärkte. Ebenso der boomende
Immobilienhandel, die endlosen Investitionen in Manage-
ment-Büros und der Verbaucherschutz, dessen barocke Para-
graphenhäkelei in manchen Ländern bis zum schlichten Irr-
witz geht.

Je tiefer wir in dieses vorgetäuschte Wachstum eintauchen, umso inflationärer wird die Wirtschaft.

Ich denke, wir brauchen dringend einen neuen Begriff von Wirtschaftswachstum. Das frühindustrielle Modell funktioniert nicht mehr. Wenn die Formel für unsere Gesellschaft so ausschließend verwendet wird, bleibt zu vieles unbeachtet. Und das von der Technokratie empfohlene, vorgebliche Wachstum zerrt uns nur immer tiefer in die Krise. Aber das Ideal des nachhaltigen Wachstums schwebt zu hoch über der Realität der angewandten Macht.

Machen wir uns einmal klar, dass Wachstum im heutigen Verständnis Erziehung als Kostenfaktor betrachtet, als Passivposten in der Bilanz. Ein Golfball dagegen ist ein Aktivposten und, wenn er verkauft wird, ein messbares Wachstum. Lässt einer sich kosmetisch liften, so ist das ein Beispiel gesunder wirtschaftlicher Aktivität; lässt sich einer einen Bypass legen, so ist das bilanztechnisch eine Verbindlichkeit, die die Gesellschaft bezahlen muss. Urlaubsreisen sind die Juwelen des Dienstleistungssektors, die Aufwendungen für Kinder aber nur Kosten.

Mit anderen Worten: Unsere Vorstellungen von Aktiva und Passiva, Guthaben und Verbindlichkeiten, »guten« Ausgaben und »schlechten« Kosten sind von unmittelbarer negativer Wirkung auf das reale Wachstum. Wir sind offenbar unfähig, den Bedürfnissen einer entwickelten Gesellschaft Rechnung zu tragen. Deshalb werden Investitionen in Ausbildung und Bürgerbetreuung nie als Aktivposten angesehen. Aber unangefochten bleibt die Wachstumsillusion, sobald einer Golfbälle verkauft.

Es ist nicht recht einzusehen, wie wir der fortschreitenden Krise entgehen sollen, ohne die Art unseres Wirtschaftswachstums neu zu überdenken. In der korporatistischen Gesellschaft ist unser Blick immer nur auf Kurzzeitinteressen eingeengt.

Wenn ich also »überdenken« sage, meine ich ein prüfendes Innehalten und Abstand nehmen, damit wir erkennen, wo der wahre Wert unserer Gesellschaft liegt. Je entwickelter eine Zivilisation, umso wahrscheinlicher ist es, dass ihr Wert dort liegt, wo kein unmittelbares Interesse regiert. Sobald wir Wachstum in einer umfassenderen Art und Weise verstehen, wird es mit einem Mal möglich, alles, was eine Gesellschaft nützlich findet, auch zu honorieren.

In der Situation, in der wir uns gegenwärtig befinden, kann uns die unsichtbare Hand des Marktes nicht weiterhelfen. Sie verschärft nur die Selbsttäuschungen und Ungleichgewichte unserer Wirtschaft.

Was man uns heute als unvermeidliche Folgen ökonomischer Grundwahrheiten und der Globalisierung auftischt, sind genau besehen die phlegmatischen Äußerungen abergläubischer Männer, die auf die Erfüllung des »Großen Schicksals« warten. Eine Haltung, die jeder vernünftige Mensch ohne weiteres ablehnen wird. Aber diese Ablehnung heißt auch: Übernahme von Verantwortung. Unsere Eliten haben natürlich wenig Lust auf einen Wandel, der von ihrer Machtstruktur so etwas wie Verantwortung verlangt. Nur eine nachdrückliche öffentliche Einmischung und Teilnahme der Bürger bringt ihn zustande.

— V —

Von der Ideologie zum Gleichgewicht

Angenommen, einer hätte endlich den Zustand eines stabilen Gleichgewichts erreicht: Was wird seine Umgebung davon halten? Die nicht mit diesem Glück Gesegneten werden wohl zu einer von zwei Schlussfolgerungen kommen. Entweder er leidet unter einer klinisch diagnostizierbaren Halluzination, oder er ist tot. Wobei die halluzinierende Selbsttäuschung dasselbe ist wie die Bequemlichkeit einer Ideologie.

Praktische Humanität ist der Weg hin zu einem Gleichgewicht, aber ohne die Erwartung, tatsächlich dort anzukommen. Diese un-ideologische Praxis lässt sich auf alles und jedes anwenden (wie ja auch die Ideologie vom Kleinsten bis zum Globalen immer alles umfasst). Man erinnere sich beispielsweise an den Weg, den Sokrates ging: zur Selbsterkenntnis, aber nicht in der Erwartung, die letzte Wahrheit zu finden.

Es gibt nicht – und gab noch nie – das geringste Anzeichen für irgendeine unsichtbare Hand, die uns ohne unser eigenes Zutun in einem naturwüchsigen Gleichgewicht hielte. Die menschliche Gesellschaft ist ein menschliches Konstrukt, trotz aller äußeren Einflüsse, die uns nötigen, antreiben und begrenzen. Die humane Gesellschaft, in unserem Verständnis also das Individuum als Bürger einer demokratischen Gesellschaft, ist aber nicht nur eine von Menschen konstruierte Einrichtung.

Auf Dauer existiert sie nur durch die tägliche Anstrengung ihrer Bürgerschaft.

Ich habe bereits von einer Reihe von strittigen Gegensätzen gesprochen, die den Kern dieser täglichen Anstrengung berühren. Wir können hier weitere Alternativen hinzufügen, so einfache wie: Bewusstheit – oder das bequeme Ausruhen in der Bewusstlosigkeit, Verantwortung – oder Lethargie, Freude am Leben der Menschen, öfter noch Mitgefühl für ihre Lage – oder Selbstverachtung und Zynismus gegenüber Andersdenkenden.

Das Mitgefühl für andere als wesentliches Kennzeichen der Situation des Menschen war nebenbei bemerkt das Herzstück in Adam Smiths *Theorie der ethischen Gefühle,* die von den falschen Aposteln seiner Wirtschaftslehre gern verschwiegen wird. Sie beschränken sich lieber auf eine oberflächliche Lektüre seiner *Untersuchung über den Wohlstand der Nationen* und verallgemeinern sie dann auf die Einrichtung und die Existenzbedingungen einer ganzen Gesellschaft. Das war es nicht, was Adam Smith wollte.

Denn tatsächlich wird in seiner Theorie des Mitgefühls die Eigenliebe als innerer Antrieb unseres Verhaltens abgelehnt. Darüber hinaus erläuterte er die drei Wesensmerkmale der Tugend: Anständigkeit, Klugheit und Wohlwollen. Was meinte er damit? Anständigkeit – die angemessene Beherrschung und Lenkung unserer Gefühle; Klugheit – die umsichtig abwägende Verfolgung unserer Privatinteressen; Wohlwollen – die Ausübung allein jener Gefühle, die zum Glück der Mitmenschen beitragen. Wieso der arme Adam Smith plötzlich solche Verehrer wie die neo-konservativen Markttheoretiker am Hals hat, ist nicht recht nachvollziehbar. Er liegt mit ihren Ansichten zur Gesellschaft im schärfsten Widerspruch.

An dieser Stelle sollten wir wohl noch ein Gegensatzpaar auf die Liste setzen. Es betrifft das Verstreichen der Zeit, das wir entweder hinnehmen oder fürchten können. Ideologien setzen die Zeit gern als ihre Waffe ein. Sie rühren damit an unsere meist unbewusste Angst vor dem Tod, dem Ende unserer Existenz. Sie wecken diese Angst, indem sie uns die Zeit auch in den praktischsten Alltagsangelegenheiten als dauerndes Schreckgespenst hinstellen. Zeit, heißt es dann, ist knapp; wir haben keine Zeit zu verlieren. Die immer wiederkehrende Selbsttäuschung, es gäbe für die größten wie die kleinsten Dinge des Lebens so etwas wie einen Hafen der Ruhe, hängt eng damit zusammen, dass wir die Zeit überwinden oder wenigstens beherrschen möchten. Die ganzen Predigten von Notwendigkeit und Unvermeidlichkeit, die die Ideologien umgeben, vom Korporatismus bis herunter zur Schuldentilgung, sind auf einer »Jetzt oder nie!«-Drohung aufgebaut. Die Zeit, unser Erzfeind, werde uns besiegen, wenn wir zögerten, wenn wir uns auch nur einen Augenblick des Nachdenkens oder des Zweifels erlaubten. Dann ergreifen wir die panische Flucht in die Sicherheit.

Genau am Ursprung der Managementtheorie steht die vorgetäuschte Wissenschaftlichkeit des Taylorismus und seines mechanistischen Menschenmodells. Die Ungewissheit der Zeit, die alles menschliche Handeln umgibt, soll beseitigt werden, indem man uns in ein maschinentaugliches Gehäuse pfercht. Maschinen erleiden vielleicht einen Wertverlust, aber sie haben keine Angst zu sterben. Und der starr hierarchische Aufbau des Korporatismus schafft die Illusion einer für immer im Raum festgehaltenen Zeit. Hier, in seiner Rolle als funktionierender Bestandteil, entkommt der Mensch dem drohenden Strom der Zeit (wenn auch nicht die Organisation als Ganzes).

Das späte 20. Jahrhundert wirft ein bizarres, aber höchst anschauliches Streiflicht auf dieses Problem. Noch nie hatten die Menschen so viel Zeit wie heute. Allein seit 1900 hat sich die Lebenserwartung im Westen um etwa 25 Jahre verlängert.

Wir haben jetzt anderthalb mal so viel freie Zeit, in der wir tun können, was wir wollen. Bedenkt man den allgemein erreichten Lebens- und Bildungsstandard, so könnten wir immerhin einen Teil dieser Zeit dafür hernehmen, einmal nachzudenken und statt des Wettrennens in die Sicherheit einen eher gelassenen Umgang mit dem Zweifel zu pflegen.

Und doch hat dieser 50-Prozent-Zuwachs an Zeit offenbar die genau gegenteilige Wirkung. Wir haben uns nur noch tiefer in jene unbewussten Ängste zurückgezogen, die uns so empfänglich machen für die Zwänge der vergehenden Zeit. In den letzten Jahren hat diese Drohung mit der unabweisbaren Dringlichkeit, dieses »Jetzt oder nie!«, immer wieder und mit bemerkenswerter Leichtigkeit auch manches hochgebildete Publikum mitgerissen.

Wir könnten uns vielleicht damit herausreden, dass die gewaltigen Veränderungen in der Welt vor allem aus der Wirtschaftspolitik hervorgehen und die meisten von uns für eine sinnvolle Diskussion dieser Dinge schlecht gerüstet sind, angesichts der fast geschlossenen Meinungsfront aller Wirtschaftstheoretiker. Wenigstens in einem Punkt, beim Problem des Rassismus, haben wir in letzter Zeit nicht nachgegeben, obwohl wir gerade da in der Vergangenheit so unsere Schwächen hatten.

Nur ist das überhaupt keine Entschuldigung. Zu der Zeit, als wir uns in Rassismusfragen noch nicht so gut verhielten, gab es in den Führungseliten eine fast einheitliche Meinung dazu. Jede Zeit hat ihre Ideologien, und selten erhält der Bürger eine faire Chance, über ein Zeitproblem nachzudenken. Unsere Chance ist das, was wir aus ihr machen.

Man betrachte doch nur einmal, in welcher Weise wir unser Leben heute organisieren, angefangen von Schule und Erziehung bis zur Berufskarriere. Das durchgehende Muster gleicht immer mehr einer verzweifelten Hast und Hetze, als wären wir getrieben von der drohenden Angst, hinter der Zeit zurückzubleiben. Und das Ergebnis? Ein steigender Anteil unserer Bevölkerung steht nun vor einem Vierteljahrhundert Untätigkeit. Wir nennen es Ruhestand, und ein großes Stück davon ist ja durchaus willkommen. Aber doch nicht 25 Jahre. Machen wir uns eine Tatsache bewusst: Es gibt keinen spezifischen, vor allem keinen praktischen Grund, warum wir nur die frühen Abschnitte unseres Lebens mit Aktivität beladen. Warum drängt uns dann unsere Zivilisation dazu?

Nun, der Korporatismus ist durch seine von Markt und Technologie herrührenden Selbsttäuschungen aufs engste verknüpft mit einem mechanistischen Menschenbild. Er ist eine Ideologie ohne Verpflichtung und Interesse für irgendeine Gesellschaftsordnung oder das Individuum als Bürger. Er hat nur einen Gedanken: möglichst rasch seine Maschinerie, seien es nun Apparate oder Menschen, zum Einsatz zu bringen, solange sie noch etwas taugen, also bevor der Wertverlust eintritt.

Ein letzter Gegensatz, der die Menschen oft stark bewegt, scheint auf unserer Liste noch zu fehlen. Wie steht es eigentlich mit den Pflichten im Vergleich zu den Rechten des Individuums? Diese Frage ist die große Wasserscheide zwischen rechter und linker Politik, zwischen den Neo-Konservativen und den Liberalen.

Ich habe die beiden Begriffe absichtlich nicht in den Vordergrund gerückt, sie in ihrer üblichen Bedeutung bis jetzt nicht einmal benutzt. Warum? Weil wir sie nach meiner Überzeugung allmählich in einer Art und Weise verwenden, die eine schlimme Deformation der zwei Ideen und ihrer Geschichte darstellt und daher nur eine monotone, unfruchtbare Debatte aufpolstert. Dieses sterile Palaver sichert nur die Herrschaft des Korporatismus und lässt seine Verfechter triumphieren, die unserer Gesellschaft nur noch die Marktkräfte und die Technologie als Anführer wünschen. Die Schuld für die schiefe Verwendung der Begriffe liegt ebenso bei der politischen Rechten wie bei der Linken.

Immer wenn Politiker links von der Mitte über individuelle Rechte sprechen, dann klingt es, als stünden diese isoliert da, unverbunden mit der Existenz einer Gesellschaft, anders gesagt: unverbunden mit dem Gemeinwohl. Und von der politischen Mitte nach rechts hin werden die Pflichten beschworen als die Forderung, für sich selbst unabhängig von der Gesellschaft zu sorgen; dann wieder als die Forderung, bestimmten unabweislichen Bedürfnissen der Gesellschaft zu Diensten zu sein, und das landet gewöhnlich beim Verlangen nach »Recht und Ordnung«, Rüstung und moralischer Sauberkeit. Auch hier nicht die Spur einer Andeutung, der Bürger habe bei der Erhaltung des Gemeinwohls ein Wort mitzureden.

Die Positionen der Rechten wie der Linken ähneln sich also, da beide auf einer Idee des Individualismus als Selbstschutz und Eigeninteresse aufbauen. Die Linke wird natürlich sofort bestreiten, dass diese Rechte gleichmäßig verteilt wären oder auch nur eine Form des fairen Ausgleichs darstellten. Sie wird ebenso bestreiten, sie sähe in staatlicher Regulierung und Besteuerung die wesentliche Struktur einer effektiv gerechten Gesellschaft. Wenn ihre Definition der Bürgerrechte jedoch einen Individualismus hervorbringt, der von dieser wesentlichen Struktur so völlig losgelöst ist, dann schaffen sie nichts anderes als die sowohl theoretischen wie praktischen Voraussetzungen für die Totgeburt der gerechten Gesellschaft, die sie doch eigentlich herbeiführen wollten.

Es ist erstaunlich, wie leicht all jene Institutionen, Regulierungen und Programme, die zum Zweck des gerechteren Ausgleichs eingerichtet wurden, in unserer heutigen Gesellschaft einfach wegrutschen. Das stellt dem Vorgehen der modernen Reformer zweifellos das demonstrativste Armutszeugnis aus.

Was nun den Individualismus nach Art der politischen

Rechten betrifft, so ist er das Ergebnis entweder ihrer Naivität oder ihres Zynismus. Was sagen sie uns? Sie sagen: Der Individualismus verlange vom einzelnen Bürger den Verzicht auf die Fähigkeit und das Recht, seine Stärken mit denen anderer Bürger mittels öffentlicher, von ihnen geschaffener Institutionen zu vereinen. Es ist die besessen selbstzerstörerische Vorstellung einer menschlichen Gesellschaft. Sie lässt den Einzelnen allein und isoliert ihn im Angesicht ungeheurer, unvorhersehbarer und unbeherrschbarer Bedrohungen. In diesem ungleichen Kräftemessen kann sich nur eine kleine Truppe samt ihrem Gefolge behaupten. Es ist kaum noch überraschend, dass diese Gefolgsleute just dieselben sind, die uns eifrig und immer wieder die Unvermeidlichkeit dieser schiefen Kraftprobe verkaufen. Unsere erste Pflicht, sagen sie uns, ist also Loyalität – die gehorsame Unterordnung unter die korporatistische Organisationsstruktur.

Der Ursprung dieses missratenen Pflichtbegriffs ist ziemlich leicht nachzuzeichnen. Er geht zurück auf die Geburt der korporatistischen Idee um 1870, als religiöse und alteingesessene, hierarchische Interessen-Eliten nach einem Ausweg suchten, die Industrialisierung zu billigen und gleichzeitig Individualismus und Demokratie zurückzuweisen. Ihre Lösung war die Neuauflage eines alten Konzepts oder besser: eine Kombination aus dem gläubigen Diener Gottes und dem beflissenen Untertan der staatlichen Autorität, womit sie den so Verpflichteten in die Organisationsstruktur des Korporatismus einbanden.

Wie die Interpretation der Bürgerrechte durch die Linke entstand, ist dagegen nicht so einfach erkennbar. Vom 12., dann besonders vom 17. Jahrhundert an führten die Bürgerschaft und ihre Verbündeten einen außerordentlich schwierigen Kampf um ihre Befreiung aus dem Joch ihrer Unselbständigkeit. Noch schwieriger war die förmliche Anerkennung ihrer Stellung als Quelle der Legitimität. Ich sage absichtlich »Kampf«, weil Erfolge auf diesem Weg erst nach einem erbitterten Streit erreicht wurden, der sehr lange Zeit anhielt, bis hinein in die zweite Hälfte unseres Jahrhunderts.

Nur wurde der Streit bald in einer veränderten Art und Weise geführt, die seinen usprünglichen Absichten leider schadete. Indem die Kräfte der Reform sich darauf konzentrierten, den etablierten Mächten ein Recht nach dem anderen zu entreißen, bestätigte ihre Praxis, was ihre Theorie verleugnete. In der Theorie sprachen sie von naturgegebenen Rechten. In der Praxis jedoch wurden diese Rechte dargestellt als etwas, was man der etablierten Ordnung abgerungen hatte. Die bisherige Quelle der Legitimität wurde also nicht in Frage gestellt und blieb dieselbe. Die Ordnungsmacht war lediglich zeitweilig und durch Gewalt dieser Rechte beraubt. Heute verschieben sich dieselben Rechte mühelos wieder zurück in die Hände der korporatistischen Variante derselben etablierten Ordnung. Und das geschieht vor unseren Augen, trotz der endlosen, aber nur formalen Verkündigung der Bürgerrechte.

Warum ist das so? Weil der Bürger als Ursprung aller Legitimität noch nie in der politischen Praxis tatsächlich und erfolgreich festgeschrieben wurde. Und warum dies? Weil die Reformkräfte selbst die errungenen Rechte immer als beziehungslos definierten, abgetrennt und losgelöst von der alten Ordnung. Das heißt nun leider auch: ohne formell anerkannten Bezug auf das Recht der Bürgerschaft, diese Errungenschaften zu verteidigen, also ohne Bezug zum Gemeinwohl.

Es kommt aber noch schlimmer. Die heutigen Erben der demokratischen Reformbewegung haben ihre Auffassung der Bürgerrechte nahtlos in ihr eigenes Einverständnis mit den korporatistischen Strukturen eingebaut. Nur ein Beispiel zur Verdeutlichung. Die Philosophie war von je her der Kern der öffentlichen Debatte über die Situation des Menschen in der

Welt. Und zwar schon deshalb, weil eine erfolgreiche Umgestaltung wesentlich von einer möglichst allgemeinen Verständigung über philosophische Alternativen und ihre Folgewirkungen abhängt. Nun aber ist plötzlich die große Stimme einer Philosophie der Humanität verstummt, sie tritt in der öffentlichen Diskussion nicht mehr auf. Warum? Weil sich die meisten ihrer Vertreter in der Komplexität ihres Berufsstandes verstrickt und verfangen haben – in einer Welt kleinspuriger Spezialisierungen und undurchdringlicher Dialekte. In der korporatistischen Organisation des Philosophiebetriebs. In voller Breite überlassen sie die öffentliche Diskussion den zynischen Vorkämpfern der Gegenseite. Wie sollen Menschen, die trotz allem das Ideal der Humanität hochhalten, von Personen angeführt werden, die eine öffentliche philosophische Diskussion für unmöglich oder erst gar nicht der Mühe wert halten?

Ich könnte dasselbe Ärgernis in vielen anderen Bereichen aufspüren, in einer korporatistischen Organisation nach der anderen. Die liberalen und demokratischen Denker haben überall und zu oft das vermeintliche Hochland der professionellen Spezialisierung und Routiniertheit gewählt. Die wirkliche Popularisierung der im Bürger verankerten Legitimität und der breiten öffentlichen Diskussion hat abgedankt zugunsten des falschen Populismus der alten Ordnung.

Ein weiterer Ursprung der linken Argumentationsschwäche verdient Erwähnung. Vom Beginn der Aufklärung an war bei den Reformern zumindest die Andeutung einer Angst vor dem Bürger zu erkennen. Speziell die Liberalen widmeten ihre Anstrengungen einem theoretischen Bürger, aber nicht dem leibhaftigen Bürger aus Fleisch und Blut und Verstand.

Und so wurde die Bewegung der demokratischen Bürgerrechte gern als Ideal angesehen, das von außen oder von oben her aufgestellt werden sollte. Ich könnte es auch so ausdrücken: Schon die sokratische Stoßrichtung krankte insgesamt am platonischen Misstrauen gegen das gemeine Volk. Oder, um es in einen moderneren Kontext zu bringen: Die demokratischen Reform-Eliten haben sich nie völlig aus der Umklammerung der autoritären Bewegung befreit, die Hobbes im 17. Jahrhundert in Gang setzte. Er hatte erklärt, der Pöbel würde Amok laufen, wenn ihm nicht irgendeine Autorität Furcht und Respekt einflößte. Und die beste Form der Beherrschung war nun mal die Angst vor Strafe. Unsere heutigen Reformer weisen zwar die drastischsten der hobbesschen Angstmechanismen weit von sich, haben aber seine Auffassung von sozialer Ordnung als Kontrollapparat fast vollständig übernommen. Im *Leviathan* sagte Hobbes, »während die Menschen ohne eine gemeinsame Macht leben, die sie in Furcht und Respekt hält, sind sie in einer Situation, die Krieg genannt wird.« Heute sind die Rechte des Bürgers vergraben in Gesetzbüchern und der Status des demokratischen Bürgers untergegangen in der Hierarchie der Berufsroutine.

Da die organisierte Rechts- und Berufsordnung oft zu wenig Gefühlsgewalt besitzt, um uns in der nötigen Einschüchterung gefangen zu halten, wird als weiteres Machtmittel die Ideologie herangezogen. Wer würde etwa nicht kleinlaut vor der »unsichtbaren Hand« des Marktes, dem »unaufhaltsamen Fortschritt« der Technik? Sie sind es aber nicht, die das Gehäuse einer geregelten Gesellschaft errichten, das geschieht vielmehr durch ein Zusammenspiel von Gesetzen und Hierarchien. Die demokratischen Reformer glaubten noch, sie könnten diese Regelung im Namen der Gerechtigkeit in Kraft setzen; aber ihre Grundannahme lässt uns vor den heutigen Mächten des Eigeninteresses ohne Gegenwehr.

Man sehe sich doch nur einmal die Beflissenheit an, mit der selbst liberale und sozialdemokratische Regierungen plötzlich die Idee übernehmen, das gesamte Schulsystem müsse zum Zweck der unmittelbaren Einführung in die Managerwirtschaft umgebaut werden. Überall im Westen sieht man jetzt diese Forderung aufkommen. Die neue Mitte-Links-Koalition in Italien ist nur eines der jüngsten Beispiele. Alle fordern sie: »Wir müssen praktisch denken. Wir müssen Bürger produzieren, die auch Arbeit finden können.« Aber ein solches Erziehungssystem wird keinem Einzelnen am Arbeitsplatz nützen. Es wird jedoch die junge Generation dazu führen, sich mit den Strukturen des Korporatismus abzufinden.

Wenn also das Streitgespräch zwischen den Rechten und den Pflichten des Individuums in einer Art und Weise abläuft, die für die Demokratie unergiebig oder gar lebensgefährlich ist, können wir dann die beiden Begriffe für einen vernünftigen Gebrauch umformulieren?

Ich denke ja, und ich würde es folgendermaßen tun. Die Individualrechte werden vom Gesetz nur insoweit garantiert, als sie durch die Ausübung einer Bürgerpflicht abgesichert werden, der Pflicht nämlich, am Leben der Gesellschaft teilzunehmen. Rechte schützen zwar den Einzelnen vor der Gesellschaft. Aber der Einzelne kann diesem Schutz erst dann Bedeutung verleihen, wenn er seine Verpflichtung der Gesellschaft gegenüber erfüllt.

Was bedeutet das für unser Erziehungs- und Sozialsystem, das so leidenschaftlich an Expertentum und Spezialisierung festhält und glaubt, diese seien die entscheidenden Methoden, um das Menschengeschlecht über den Morast von Emotionalität und Köhlerglaube zu erheben? Ein System, das glaubt, dies sei nur durch eine enggeführte, zweckorientierte Erziehung und entsprechende Expertätigkeit zu erreichen? Wir können diese Überzeugungen nicht mit einer Handbewegung vom Tisch fegen. Sie sind der innere Antrieb unserer Eliten in der gesamten Bandbreite der Politik.

Aber ein solcher Ansatz bleibt gegenüber einer menschlichen Gesellschaft abstrakt. Und Menschen funktionieren nun einmal nicht als Abstraktion. Die Macht steckt in den Apparaten, die das Ganze in Gang halten. Diese Macht wird den Menschen durch das abstrakte Bild der Gesellschaft vorenthalten. Ein Erziehungs- und Sozialsystem, das einen Rattenschwanz mehr oder weniger spezialisierter Zellen für Fortschritt hält, lässt die Möglichkeit einer bürgerorientierten Gesellschaft gar nicht erst zu. Es verleugnet mithin das Individuum als Quelle der Legitimität.

Selbst wenn die Absichtserklärungen des berufsmäßigen Expertentums noch so feinziseliert daherkommen, so ist das Endergebnis doch immer ein mechanistisches Menschenbild. Einsicht und Erkenntnis, die Grundlagen des bewussten Lebens, werden unmöglich gemacht. Ein solches Gesellschaftsbild entsteht beim Blick durch die korporatistische Brille. Es ist blind sowohl für die Kompliziertheit der menschlichen Natur wie für die Kompliziertheit der menschlichen Gesellschaft.

Der wahre Individualismus ist demnach die Pflicht, als Bürger zu handeln. Das hat nichts mit Konformismus zu tun, nichts mit Gehorsam vor irgendwelchen dem Gemeinwohl fremden Interessen. Ich möchte hier ein letztes Mal aus der Verteidigungsrede des Sokrates zitieren:

»Vielleicht aber wird einer sagen: Also still und ruhig, Sokrates, wirst du nicht imstande sein, nach deiner Verweisung zu leben? Das ist nun wohl am allerschwersten manchem von euch begreiflich zu machen. Denn wenn ich sage, ... es wäre mir unmöglich, mich ruhig zu verhalten: so werdet ihr mir nicht glauben, als meinte ich etwas anderes als ich sage.«

Das ist aber gerade der Kern des Korporatismus: sich ruhig verhalten, sich nur um die eigenen Sachen kümmern. Der tätige Individualismus ist etwas wesentlich anderes: die Weigerung, sich nur um die eigenen Angelegenheiten zu kümmern. Eine solche Haltung ist kein besonders bequemer oder amüsanter

Lebensstil. Sie wirft keinen Profit ab, ist nicht effizient, weder wettbewerbsfähig noch preisverdächtig. Nicht selten besteht sie darin, anderen auf die Nerven zu gehen, und das wiederholt und eigensinnig. Friedrich Nicolai, die deutsche Stimme der Aufklärung, sagte es in aller Deutlichkeit: »Die Kritik ist die einzige Helferin, die, indem sie unsere Unvollkommenheiten aufdeckt, in uns zugleich die Begierde nach höheren Vollkommenheiten entfachen kann.«[1]

Die Kritik ist vermutlich die hauptsächliche Waffe der Bürger in der Ausübung ihrer Legitimität. Aus diesem Grund werden ja auch Konformismus, Loyalität und Geräuschlosigkeit in dieser korporatistischen Gesellschaft so sehr belohnt und bewundert, wird Kritik an den Rand gedrängt und bestraft. Wer von uns hat diesen Konflikt nicht schon einmal erlebt?

Ein sprechendes Beispiel, das erst vor kurzem bekannt wurde: Im Management eines großen amerikanischen Tabakunternehmens wurde in den 60er Jahren ausführlich darüber debattiert, ob man der obersten Gesundheitsbehörde der USA die Ergebnisse einer firmeneigenen Untersuchung mitteilen sollte, die die Gesundheitsgefährdung des Rauchens bestätigt hatte. Man entschied sich am Ende dafür, nichts zu sagen, außerdem wurde die Entwicklung eines sichereren Zigarettentyps abgebrochen. Denn die Produktion einer weniger schädlichen Zigarette, allein die Idee, sie sei nötig, hätte ja die Manager kompromittiert und ihr Schweigen bloßgestellt. Stattdessen verlegten sie sich auf eine Gesetzesinitiative und eine PR-Strategie der Verheimlichung.[2]

Ihre hart diskutierte Entscheidung, nicht zu kritisieren, zwang sie tatsächlich in die gegenteilige Richtung, in einen aggressiven Konformismus.

>>Nicht durch die Schuld der Sterne, lieber Brutus,
Durch eigne Schuld nur sind wir Schwächlinge.«[3]

183

Schuld sind aber die korporatistischen Strukturen. Die Tabak-Manager entkamen dem tödlichen Schicksal des Brutus, allerdings nur eine Zeitlang, indem sie ihre Selbstachtung opferten, mit anderen Worten: Sie legten den Individualismus ab, um Schwächlinge zu bleiben. Jetzt hat das Schicksal sie trotzdem eingeholt, und zu allem Überfluss büßten sie auch noch Ehre und Ansehen ein und verloren das der Öffentlichkeit hingehaltene Gesicht einer Selbstachtung, die sie unter dem Druck ihres Systems schon 30 Jahre vorher aufgegeben hatten.

Bei diesem konformistischen Berufsklima erstaunt es kaum noch, dass wir in einem falschen Individualismus (wie ich es nennen möchte) Entspannung suchen. Ich könnte ebensogut sagen: in einer oberflächlichen Befriedigung. Das soll nicht heißen, die Erfüllung unserer persönlichen Wünsche sei als solche verdammenswert. Modische Kleidung, Urlaub, Sport, multiple Ehen und Orgasmen, Gesichts- und andere Liftings sind willkommene Abwechslungen auf dem steinigen Lebensweg. Warum sollten wir sie uns nicht gönnen? Das Falsche an diesen angenehmen Augenblicken ist nur, dass wir sie immer mehr für einen Ausdruck unseres Individualismus halten. Ja, für Individualismus an sich.

Die Manager-Schicht und besonders die Neo-Konservativen beklagen, dass man den armen Unterschichten derart selbstbezogene Rechte gewährt hat; aber sie selbst schöpfen ihre selbstsüchtigen Vergnügungsrechte mit Begeisterung aus.

Nicht nur, dass diese vergnüglichen Abwechslungen, in angemessenem Umfang, keineswegs schlecht sind: Es ist für eine Gesellschaft sogar der Normalzustand, dass ein gewisser Prozentsatz der Bevölkerung jedwede öffentliche Teilnahme links liegen lässt. Die Freiheit dieser kleinen Minderheit, sich zu verweigern, ist geradezu ein Zeichen für die Gesundheit der Gesellschaft. Aber man sollte dabei dies bedenken: Eine Gesellschaft kommt in Schwierigkeiten, wenn die Elite in ihrer Gesamtheit, ein gutes Drittel der heutigen Bevölkerung, in der öffentlichen Diskussion schweigt und im Berufsleben teilnahmslos und apathisch wird, um dann der Gesellschaft den Rücken zu kehren und in privater Zerstreuung den aufgestauten inneren Druck abzulassen.

Ein solcher persönlicher Druckausgleich schafft zwar Befriedigung; aber, wie Camus es einmal ausdrückte: »*Un homme, ça s'empêche. Voilà ce qu'est un homme, sinon ...*«; »Nein, ein Mensch, der hält sich im Zaum. Genau das ist ein Mensch, oder sonst ...«[4]

Unser Problem ist nicht, zwischen der Abschaffung des Vergnügens und der Jagd danach zu wählen, sondern Instrumente zu entwickeln, die dem Individuum einen Ausweg aus der Konformität des Korporatismus finden helfen.

Wir wissen, was geschieht, wenn der Bürger an den öffentlichen Angelegenheiten teilnimmt; wir wissen es spätestens seit der Entstehung der Geschworenengerichte im Mittelalter. Die einander unbekannten Menschen in dieser Zwölfer-Gruppe hatten die Aufgabe, miteinander und unter Hintanstellung eigener Interessen zu einem übereinstimmenden Urteil zu kommen, und entdeckten dabei in sich selbst ein ganzes Bündel menschlicher Eigenschaften, die Kraft der Humanität. Eine solche Geschworenengruppe stellt sich uns also als ein Instrument des Gleichgewichts dar. Ihre humane, ausgleichende Abwägung liefert uns etwas, das weder der Richter noch die Experten-Zeugen vereinnahmen können. Man wird sich erinnern, dass es nicht ihre Aufgabe ist, die Antwort zu finden, die alleinige Wahrheit, sondern nur, ob ein nicht behebbarer Zweifel stehen bleibt. Es ist die personifizierte Rolle des Bürgers.

Für uns, die Bürgerschaft, ist es heute von höchster Dringlichkeit, einfache Wege und Instrumente zu finden, die uns helfen, in die öffentliche Diskussion einzutreten und dabei die

bewusste, verständige Meinungsfindung eines Geschworenen-
gerichts auszuüben.

Die korporatistische Systemstruktur werden wir, trotz ihrer
Schwächen und Fehler, dadurch weder abschaffen noch besiegen können. Das System wird fortschreitend stärker, die von
ihm beherrschte Gesellschaft gleichzeitig immer schwächer.

Es geht also darum, dem Einzelnen als Bürger auf jedem er-
denklichen Weg Zugang zu diesem System zu verschaffen.
Und dann mag das Instrument der Kritik, vereint mit einem
hohen Maß aktiver Teilnahme, seine Wirkung tun.

Aber wie ist das zu bewerkstelligen? Betrachten wir noch
einmal die institutionalisierten Kräfteverhältnisse in unserer
Gesellschaft. Die korporatistische Struktur hat sich zu dem
Zweck eingerichtet, den Bürger von der Teilnahme am öffentlichen Leben fernzuhalten, wenn man von sporadischen Wahl-
gängen und vereinzelten Ehrenämtern absieht. Solche ehren-
amtlichen Tätigkeiten bedeuten immer ein Opfer an freier
Zeit, die bewusst und eigens dafür ausgespart werden muss.
Die Zeiten für sportliche Betätigung, Nahrungsaufnahme, Urlaubsreisen, von der Arbeitszeit gar nicht zu reden, sind also
fest in unser finanzielles und soziales Belohnungssystem eingebaut. Die Zeit für Teilnahme am öffentlichen Leben nicht.
Man könnte fast sagen, dass tatsächlich sogar alles, was wir tun
(mit Ausnahme unserer teilnehmenden Tätigkeit als Bürger),
so in unser Gesellschaftssystem eingebaut ist. Das heißt aber
doch wohl, dass in einer korporatistischen Gesellschaft die Demokratie systematisch eingeschüchtert wird. Sie wird in die
Randerscheinungen der Freiwilligkeit abgedrängt. Und doch
wäre es ganz einfach, eine große Zahl von Menschen zu öffentlicher Tätigkeit zu bewegen: Man müsste lediglich durch eine
geänderte Tätigkeitsstruktur dem Einzelnen einige Stunden
pro Woche dafür reservieren. Was dies für eine Wirkung
hätte, ist im Voraus kaum zu beurteilen. Aber wenigstens hät-

ten wir in einer von Systemstrukturen besessenen Gesellschaft der Kritik, dem Nonkonformismus und der Uneigennützigkeit zu einer offiziell anerkannten Funktion verholfen.

Das korporatistische System ist unfähig zur Belohnung oder Anerkennung von Kritik. Daher die Notwendigkeit, eine verlässliche Plattform einzurichten, von der aus die Kritik erfolgreich agieren kann und schließlich den Bürger zum Herrn des Verfahrens befähigt.

Aber selbst diese bescheidene Rolle der Kritik wird ein unerreichbares Ideal bleiben, wenn wir nicht in aller Bewusstheit erkennen, wie tief wir – auch als Bürger – bereits in den sprachlichen Konformismus abgeglitten sind. Vielleicht wird uns diese Lähmung erst dann klar, wenn wir einmal unser Auftreten in der öffentlichen Diskussion mit dem unserer Vorfahren vergleichen – den Christen des frühen Mittelalters. Der mittelalterliche Häretiker war für sie einer, der dadurch »intellektuelle Arroganz bewies, dass er den Personen, die ausdrücklich zu Aussagen über den Glauben eingesetzt waren, lieber seine eigenen Meinungen entgegenhielt.« Anstelle des Wortes »Glauben« können wir heute jede der abertausend Spezialisierungen einfügen. »Folglich war Häresie Hochverrat gegen die göttliche Majestät.«[5] In der Abschreckung von Hochverrätern haben wir inzwischen gewisse Fortschritte gemacht. Sie werden heute nicht mehr gerädert und geviertelt. Die modernen Häretiker finden sich nur vor den Trümmern ihrer Karriere wieder, hinausgeworfen zu den Randfiguren der korporatistischen Gesellschaft.

Die eigentliche Schwierigkeit, die der Bürger bei seiner Tätigkeit in der öffentlichen Diskussion vor sich hat, beginnt schon bei der Krise unserer Sprache. Ich habe bereits die Spaltung zwischen der machtlosen öffentlichen Sprache einerseits und Rhetorik, Propaganda und korporatistischen Dialekten andererseits erwähnt. Die daraus folgende Lähmung der öffentlichen Sprache ist unübersehbar. So konstatieren wir die dringende Notwendigkeit, erst einmal das einfachste aller Kommunikationsprobleme anzugehen: den Nonsens-Gehalt der offiziellen Sprache.

Die Schwierigkeit, mit der wir es dabei zu tun haben, liegt darin, dass die öffentliche Sprache ihre gebührende Machtstellung nicht mehr im Kampf um eine einzige, vereinzelte Sache gewinnen kann. Dieser Typ des intellektuellen Einzelkämpfertums wurde im 18. Jahrhundert geboren. Heute aber, bedingt durch die fugenlose Konstruktion des Korporatismus, enden derartige Einzelgefechte um Freiheit oder Gerechtigkeit bestenfalls mit einem isolierten Nebenerfolg, und selbst dieser wird oft sehr schnell zum vernachlässigbaren Randphänomen. Die Breitenwirkung des Kampfes für eine gerechte Sache ist heute erheblich schwerer zu erzielen.

Wenn ich davon spreche, den Nonsens-Gehalt der offiziellen Sprache zu enthüllen, meine ich damit sogar die Notwendigkeit, eine zugrundeliegende Sprachauffassung lächerlich zu machen. Nur ein kleines Beispiel: Es wäre schon viel geholfen, wenn wir uns einmal genauer mit der Neigung der korporatistischen Fürsprecher befassten, das idyllische Landleben zu preisen – *Italia rurale*, wie Mussolini es gern nannte. Oder das amerikanische Kleinstadt-Ideal. Oder den Konservatismus des gesunden Menschenverstands. Hinter diesen vereinfachten Utopien versteckt sich immer ein Verlangen nach moralischer Sauberkeit, heimatlicher Verwurzelung, nach kleinräumiger Verbundenheit und einem klaren, gemeinsamen Zukunftstraum. Genau die Dinge also, deren die Vorbeter dieser vereinfachten Utopien uns mit der anderen Hand, dem Korporatismus, berauben.

Ein solcher Zangenangriff ist derart widersprüchlich, dass er schon lächerlich wird. Aber das Wesen des Korporatismus ist – anders als das einfache Dahinreden einer falschen Utopie –

nicht leicht in Sprache zu fassen, und das macht die eine Redeweise zur perfekten Vorlage für die andere. Was schließlich
dazu führt, dass wir die unfreiwillige Komik der öffentlichen
Rede überhaupt nicht mehr wahrnehmen.

Aber dieser Taschenspielertrick ist uralt. Émile Durkheim
hat ihn – und damit die korporatistische Methode – schon vor
hundert Jahren offen gelegt. Die wahre und vollständige Mitteilung, sagte er, sei viel zu komplex für das gemeine Volk:

»Sie kann nur durch die Verbreitung von Symbolen öffentlicher Besitz
werden, die, weil sie ›einfach, bestimmt und leicht darstellbar‹ sind, eine
Wahrheit verständlich machen, die ›auf Grund ihres Umfangs, der Anzahl ihrer Bestandteile und der Komplexität von deren Anordnung,
schwierig im Kopf zu behalten ist‹.«[6]

In aller Unbefangenheit spricht Durkheim hier von Symbolen
als Propaganda. Symbole sind sprachliche Bilder, die sich
leicht manipulieren lassen, wenn man sie wie eigene, selbstän-
dige Werte behandelt. Die Symbole und Bilder der Rassen-
Ideologie haben wir zwar hinter uns gelassen, aber sobald die
Macht das Wort ergreift, sind wir noch immer ihrem Einfluss
unterworfen. Jung sagte, »die Psyche besteht wesentlich aus
Bildern«, und wir leben in einer Kultur, die unter einer Flut
herandrängender Bilder ertrinkt. Bis jetzt waren wir augenscheinlich unfähig zu der bewussten Erkenntnis, wie diese Bilder möglicherweise und tatsächlich als Werkzeuge einer autoritären Macht funktionieren.

Bilder manipulieren kann eigentlich jeder von uns. Aber es
ist der bezahlte Propagandist, der die Manipulation mit besonders leichter Hand und höchst effektiv zu handhaben versteht.
Und sogar das in aller Aufrichtigkeit benutzte Bild ist im besten Fall ein Symbol. Es ersetzt nicht die weitergehende Verständigung mittels einer aussagefähigen Sprache.

Ebenso wie die westliche Welt die Öffnung zur humanistischen »Renaissance« des 12. Jahrhunderts durch die Wieder-

entdeckung der Sprache erreichte, bietet die Sprache auch uns einen Weg aus der gegenwärtigen Zwangslage. Für die fanatischen Liebhaber schneller Lösungen klingt diese Forderung einer Wiedergeburt oder Wiederentdeckung der Sprache und ihrer Bedeutung verschwommen und abgehoben von der Wirklichkeit. Aber eine aussagekräftige Sprache ist das Werkzeug, mit dem sich die Wirklichkeit fassen lässt.

Bevor Benjamin Franklin sich mit Gewittern beschäftigte, waren Blitze in der Meinung des Volkes eine übernatürliche Erscheinung. Aus diesem Grund lagerte man Schießpulver oft in Kirchen, wo es unter göttlichem Schutz stand. Während des Gewitters wurden zur Abwehr böser Geister die Kirchenglocken geläutet. Zwischen 1750 und 1784 schlugen Blitze in 386 deutsche Kirchen ein und töteten 103 glockenläutende Kirchendiener. Im Jahr 1767 traf der Blitz eine Kirche in Venedig, deren untere Gewölbe mit Schießpulver vollgestopft waren. Die Explosion tötete 3.000 Menschen.[7]

Anders ausgedrückt: Es gab Beweise zur Genüge, dass der göttliche Schutz im Fall der Blitze nicht funktionierte. Aber solange niemand das Vokabular besaß, um die überlieferte Volksmeinung aufzusprengen, blieb sie in Kraft. Ähnlich heute unsere eigenen Erfahrungen mit der unsichtbaren Hand des Marktes. Jetzt ist eine Sprache verlangt, die die Komik dieser Äußerung belegt. Wie oft, sagen wir zwischen 1973 und 1996, hat der Blitz einer Wirtschaftskatastrophe im Westen eingeschlagen? Wo war da die unsichtbare Hand und ihr göttlicher Schutz? Benjamin Franklin hat die wahre Natur des Phänomens durch Nachdenken, durch die begriffliche Fassung und einen Praxistest bewiesen.

Die heute zur Überprüfung herrschender Trugschlüsse vorgebrachten Argumente leiden allerdings unter einer Schwäche: Sie stehen im Schatten des Dekonstruktivismus. Sie erstreben keine Kenntnis, keine wahre Bedeutung, keine Wirklichkeit. Sie suchen vielmehr zu belegen, dass Sprache immer an Interessen gebunden ist. Die Dekonstruktivisten argumentierten gegen die Sprache als Verständigungsmittel zwar mit der Absicht, die beiden Übel Rhetorik und Propaganda an der Wurzel zu packen. Aber: Wenn die Sprache durchgehend nichts anderes als Eigeninteresse ist, dann wird Uneigennützigkeit und folglich auch das Gemeinwohl unmöglich. Unter dem Strich wurde damit also die korporatistische Auffassung zementiert, jeder Mensch habe seine Existenz nur als Funktion innerhalb seiner organisierten Gruppe. Anders und in Begriffen meiner Darstellung gesagt: Die Dekonstruktionisten haben unsere Sucht nach Antworten nachhaltig attackiert, aber in einer Weise, die auch den Wert und Gehalt unserer Fragen zersetzt. Am Ende bleiben also die Antworten, wie anmaßend dogmatisch auch immer, umso mächtiger stehen.

So liegt also unsere wirkliche Hoffnung auf eine Wiederherstellung der Sprache nicht in ihrer gelehrten Zerlegung, sondern in der aktiven Teilnahme der Bürger. Wir wissen, dass die Universitäten zur Zeit in der Krise stecken und ihr Heil in der Angleichung an korporatistische Interessen suchen. Ein kurzsichtiges und selbstzerstörerisches Vorgehen. Im Licht ihrer Verpflichtung der Gesellschaft gegenüber ist es geradewegs unverantwortlich.

Aber die Universitäten kriseln auch deshalb, weil sich der historische Lernprozess wieder einmal im behaglichen Kabäuschen des Sophismus und der Scholastik niedergelassen hat. Schon im fünften Jahrhundert v. Chr. war das erstrebte Ziel der Sophisten nicht die Weisheit oder das Gute, sondern Effizienz und Gerissenheit.[8] Das kommt uns möglicherweise bekannt vor. Es sind dieselben Leitbilder, mit denen die Business Schools großtun und ebenso die Universitäten, die unsere wirtschaftswissenschaftlichen Denkfabriken und Stiftungen mit Experten bevölkern.

Sokrates fragte Hippokrates: »Würdest du dich nicht schämen, dich den Griechen als Sophist zu zeigen?« Hippokrates antwortete: »Ja, wahrlich, Sokrates, wenn ich dir sagen soll, was ich denke.«

Nicht viel besser die Scholastiker. Sie bleiben uns vor allem durch einen Charakterzug in Erinnerung: Vom 16. Jahrhundert an besaßen sie die Fähigkeit, jedes Argument, das möglicherweise mit der Wirklichkeit zu tun hatte, in eine endlose Spirale von Nebensächlichkeiten aufzulösen. Ihre ganze verfügbare Zeit verbrachten sie nur mit begrifflichen Operationen und Interpretationen. Das erforderte zwar Intelligenz, aber Denken war dabei nicht verlangt.

Die heutige Lage unserer höchst differenziert entwickelten, fragmentierten Wissensfelder ist diesem Zustand weitgehend vergleichbar. Diskussionen oder gar geistige Fortschritte sind nur noch dann möglich, wenn wir den gesamten angehäuften Wissensvorrat durchgearbeitet haben. Diese ohnehin gigantische Aufgabe wird noch erschwert durch zahllose, alle Zugänge kontrollierende Spezialisten, sodass niemand mehr einen umfassenden Gedanken zustande bringt. Diese Zersplitterung erklärt die geistige Lähmung des Wissenschaftsbetriebs vor dem krisenhaften Zustand einer Gesellschaft, die er doch eigentlich schützen und verteidigen sollte.

Es reicht einfach nicht, wenn Philosophen, Politik- und Wirtschaftswissenschaftler (diese drei für die Demokratie bedeutungsvollen Lehrkörper) bloß darüber klagen, bei der Unübersichtlichkeit der Wissensgebiete sei eine ernsthafte Diskussion ihrer Fragen in der Öffentlichkeit unmöglich. Vielleicht haben die Professoren ja schon bemerkt, dass die erstaunliche öffentliche Zustimmung, die ihnen im 19. und noch im 20. Jahrhundert zugute kam, neuerdings dahinschwindet. Aber wem haben sie das zuzuschreiben? Ich glaube in der Bürgerschaft ein Verlassenheitsgefühl zu erkennen, den Eindruck, von ihren Denkern im Stich gelassen zu sein, verraten von einer Intelligentsia, die unsere Erfahrung der Humanität und erst recht das Drama der bürgerorientierten Demokratie nicht mehr ernst nimmt.

Das Vernünftigste, das die akademische Gemeinschaft tun kann, ist jetzt, ihre Eigenbrötelei zu vergessen und eine gemeinsame Anstrengung auszuführen mit dem Ziel einer Vertiefung und Konsolidierung der vor-universitären Erziehung. Vielleicht würde man dann entdecken, dass ein solcherart nicht von Interessen gelenktes Vorgehen der Universität neue Bedeutung verleiht, indem es sie von der Kollaboration mit dem korporatistischen System abkoppelt. Und wieder hinführt zu ihrer umfassenderen Verpflichtung zur Humanität.

Beide Vorschläge, dieser und der vorherige zur Institutionalisierung der Bürger-Kritik in den Strukturen der Macht, bedeuten nicht schon wieder die Notwendigkeit weiterer kleinschrittiger Änderungen in der einen oder anderen Richtung. Die Auswirkungen des Korporatismus sind derart weitreichend eingewuchert, dass der Bürgerschaft eigentlich nur die Strategie bleibt, nicht die derzeitigen politischen Leitlinien, sondern die dynamischen Kräfteverhältnisse zu verändern.

Ich gebe noch ein Beispiel dafür.

In diesem Kapitel sprach ich von der Überladung der frühen Jahrzehnte unseres immer längeren Lebens mit Schule und Karriere. Das herrschende System verlangt von uns nicht nur einen hektischen, sondern auch zunehmend höher spezialisierten Lebenslauf. Schon seit einiger Zeit müssen wir Hochschulabsolventen ertragen, die kein oder nur ein beschränktes Grundlagenwissen besitzen, weil die Forderungen des Arbeitsmarkts umstandslos in ihre Diplom-Seminare übernommen wurden. Jetzt aber ergreift dieselbe Dürftigkeit bereits den schulischen Primär- und Sekundarbereich.

Unser Problem ist aber nicht ein Mangel an Zeit, sondern – künftig noch stärker – der Mangel an Geld. Keine Gesellschaft kann sich auf Dauer die Finanzierung eines Ruhestands von 25 bis 35 Jahren leisten. Es wäre erheblich sinnvoller und für den Einzelnen in höherem Maße lebenswert, unsere anti-quierte Lebenseinteilung genauer zu überprüfen. Warum nehmen wir nicht fünf bis zehn Jahre aus dem späteren Leben her-aus und stecken sie in den Anfang? Anders gesagt: Warum ziehen wir keinen tatsächlichen Nutzen aus der heute erreichten höheren Lebenserwartung? Ich meine damit nicht einen bloß geldwerten Nutzen. Ich meine: Wenn die anderthalbfache Lebenserwartung ein Erfolg unserer Zivilisation ist, dann sollte diese Zivilisation auch einen gewissen Vorteil davon haben.

Es ist zum Beispiel völlig unnötig, die Fülle der schulischen Erziehung zu beschneiden, nur um sich dann konzentriert mit Management und Technologie zu befassen. Nichts zwingt die Universitäten, halberwachsene Spezialisten auszuwerfen, die keine Erinnerung an die historischen Erfahrungen ihrer Kultur besitzen, keine moralische Festigkeit, kein Gespür für das größere Bild ihrer Gesellschaft. In beiden Bereichen, Schule wie Universität, hätten wir reichlich Zeit für eine grundlegende Erziehung, bevor wir uns zu spezialisieren beginnen. Wir hätten ebenso reichlich Zeit für längere Erfahrungen in einer öffentlichen Tätigkeit, bevor wir in eine 30- oder 35jährige Karriere eintreten.

Der Technokrat wird uns darauf erwidern, dass wir uns noch mehr Schüler und noch mehr Staatsdiener nicht leisten können. Die Wahrheit ist, dass wir es uns – unter dem Blick-winkel der Menschenfreundlichkeit oder der Finanzierbarkeit – noch viel weniger leisten können, unsere Bürger im Alter von 55 oder 60 Jahren zum alten Eisen zu werfen. Ich sagte es schon: Erziehung ist ein Guthaben, kein Passivposten in der Bilanz. Wir sehen sie nur deshalb als unbezahlbare Kosten, weil unser Blick auf eine veraltete Bedeutung von Wirtschaftswachstum eingeengt ist.

Wir haben alles zu gewinnen, sogar in finanzieller Hinsicht, wenn wir die Schülerzahl in unseren Klassen verringern (das heißt natürlich: mehr Lehrer) und den Horizont des Unterrichts erweitern. Wir müssen uns auch die nötige Zeit nehmen, unseren Wirtschafts-, Medizin- und anderen Studenten eine tragfähige humanistische Ausbildung mitzugeben, bevor wir ihnen die Scheuklappen der Spezialisierung gestatten. Das hätte eine kaum zu überschätzende Wirkung, wenn sie einmal auf die Gesellschaft losgelassen werden.

Zum einen stärkt es außerhalb des Berufslebens ihr Lebensgefühl als individuelle, verantwortungsbewusste Bürger. Und zum andern verleiht es ihnen die Fähigkeit zu denken, anstatt sich immer nur an Verfahrensfragen zu klammern.

Zur Forderung nach verstärkter öffentlicher Tätigkeit genügt vermutlich die Beobachtung, dass um uns herum der bürgerorientierten Demokratie langsam, aber sicher die Atemluft ausgeht. Wie können wir erwarten, dass jemand, den wir mit Höchstgeschwindigkeit in die Tretmühle des Korporatismus gejagt haben, auf dem Höhepunkt seiner Karriere einen abrupten Kurswechsel vornimmt, um nun plötzlich als nonkonformistischer, uneigennütziger Bürger aufzutreten, der kein Blatt vor den Mund nimmt? Nein, wir erhalten genau das, was wir selbst produziert haben. Es gibt nicht den geringsten Grund, für einen derart eigennützigen oder mechanischen Lebensplan irgendeinem Mangel an Zeit die Schuld zu geben. Wenn wir die langen Freizeitphasen, die uns gegen Ende unseres Lebens zur Verfügung stehen, an seinen Anfang rückten, so könnten wir sie ohne weiteres einer öffentlichen Tätigkeit widmen.

Aber welcher Tätigkeit? Und wie wäre so etwas zu organisieren? Das sind typische Manager-Fragen. Wir müssen ganz woanders anfangen: bei Grundfragen wie Bedarf, Nutzen und

Lebensfähigkeit der Gesellschaft. Wenn wir uns zuerst darauf konzentrieren, lassen sich danach auch die Details behandeln.

Wohin wir auch blicken: Wir brauchen keine Reformen, sondern eine veränderte Dynamik der Kräfte. Das trifft auch für die Politik zu. Solange das Hauptelement im politischen Leben das Geld ist, wird es von den größten Interessengruppen für ihre eigenen Ziele missbraucht. Wir brauchen daher keine Ausgabenbeschränkung und kein Herumexperimentieren mit der Offenlegung von Parteispenden; wir müssen das große Geld überhaupt aus den demokratischen Wahlen herausnehmen. Die Propagandaflut der Bildmedien verkehrt ohnehin jeden Versuch einer Detail-Reform in sein Gegenteil. Wenn aber die privatwirtschaftliche Finanzierung insgesamt aus dem politischen Handeln entfernt würde, so ergäbe sich ein deutlich verringerter Aufwand an Sprache und Diskussion. Das Ergebnis wäre ein eher zurückhaltender Stil der Politik, der noch Raum lässt für Fragen und Zweifel.

Es gibt eine ganze Menge Pläne zur Eingrenzung der wildgewordenen Finanzmärkte, etwa die Besteuerung der Veräußerungsgewinne. Aber das ist wiederum nur das Beispiel einer Minimal-Reform mit eingebautem Misserfolg. Eine solche Steuer würde die Regierung nur an die Gegner eines tatsächlichen Wirtschaftswachstums ketten. Andererseits wären ein paar einfache multilaterale Abkommen selbst weniger Industriestaaten durchaus in der Lage, die schädlichsten Begleiterscheinungen der dahinrasenden Spekulation verschwinden zu lassen.

Genauso die Argumente für die Globalisierung: Auch sie beharren auf der Unbeherrschbarkeit aller Wirtschafts- und Sozialpolitik in einer neuen Welt ohne Grenzen. Das ist offenkundig unwahr. In den letzten Jahren wurden mehrere internationale Handelsabkommen hoher Detailliertheit und Verbindlichkeit unterzeichnet. Nichts, aber auch gar nichts hindert Regierungen daran, ähnliche Abkommen über berufliche Chancengleichheit und soziale Mindeststandards auszuhandeln. Es ist auch nicht nötig, solche Verhandlungen nur unter Einschluss aller Staaten zu beginnen. Genau wie der Handel kann auch die Sozialpolitik erst einmal regional geregelt werden. Was uns immer als die Unmöglichkeit einer internationalen Sozialpolitik hingestellt wird, ist nur die Unwilligkeit der korporatistischen Eliten, in solche Verhandlungen überhaupt einzutreten. Das Ganze ist also eine Frage des politischen, das heißt: des demokratischen Willens.

Sogar auf einem so unübersichtlichen Feld wie der modernen Technik ist unsere Apathie keine Notwendigkeit. Die einzigen Kontrollregelungen, die wir bei modernen Techniken besitzen, sind verschiedene Sicherheitsvorschriften. Aber die mit der Sicherheitsprüfung befassten Stellen müssten ihrer Checkliste nur ein weiteres Element hinzufügen: das öffentliche Interesse, und schon hätten wir einen weniger aufgeregten, seiner Verantwortung bewussteren technologischen Wandel. Die Frage ist doch nicht, was die Wissenschaft noch entdecken, die angewandte Wissenschaft noch entwickeln kann, sondern ob wir in selbstgewählter Blindheit unsere Zivilisation den abstrakten Halbgöttern lebloser Objekte zu Füßen legen wollen.

Wenn wir wissen möchten, wie die Dynamik der gesellschaftlichen Kräfte zu ändern sei, sollten wir uns selbst fragen, was wir in dieser Gesellschaft belohnen und was wir bestrafen. Mancher, denke ich, würde erschrecken, auf einer solchen Liste zu erkennen, dass wir zumeist Arbeiten zum Schaden des Gemeinwohls belohnen und andere, die ihm von Vorteil wären, nicht ermuntern oder gar bestrafen.

Wiederholt habe ich hier schon vom Abgleiten in die Bewusstlosigkeit und von unserer Verführbarkeit zum Ungleichgewicht gesprochen. Wir könnten sie auch zusammenfassend die Bewusstlosigkeit des Ungleichgewichts oder eine ungleichgewichtige Bewusstlosigkeit nennen. Das eine lebt nur vom anderen. Und wenn eine Gesellschaft beharrlich alles, was ihr schadet, belohnt und alles, was sie stärkt, bestraft – dann ist sie zweifellos ein klinischer Fall, ein Opfer sowohl ihres Ungleichgewichts wie ihrer Bewusstlosigkeit.

Unsere Hoffnung auf Besserung, sagten wir, ist nicht die Minimal-Reform, sondern eine veränderte Kräftedynamik. Um diese Dynamik der Kräfte zu durchschauen, müssen wir fähig werden, unsere Bewusstheit zu gebrauchen und zu einer Art Gleichgewicht zu gelangen.

Aber ist diese Idee eines Gleichgewichts nicht weich und vage, zu abgelöst von solchen Realitäten wie Arbeitslosigkeit und dem globalen Wettbewerb? Nicht wirklich. Unsere Unfähigkeit, in diesen eigentlich simplen Dingen etwas anderes zu sehen als unbeherrschbare Rätselhaftigkeit, stammt zum großen Teil aus der Unfähigkeit, unsere menschlichen Qualitäten zu gebrauchen – so wie es Geschworene tun. Sie nehmen sich das Problem vor, indem sie den Weg des vernünftigen, nicht behebbaren Zweifels gehen. Mit einem so systematischen Zweifel wird mit einem Mal ein Wandel der gesellschaftlichen Dynamik durchaus vorstellbar, beispielsweise die institutionalisierte Bürgerteilnahme an der Politik oder auch ein auf seine Nützlichkeit beschränkter Finanzmarkt.

Die Idee des Gleichgewichts ist nicht neu. Wie so vieles andere begleitet sie uns in wiedererkennbarer Form schon seit dem antiken Athen. Immer wieder suchten Philosophen entweder die Situation des Menschen oder aber die Eigenschaften des Menschen selbst in dieses Bild zu fassen.

Natürlich beschäftigte sich Plato mit der Situation des Menschen in der Welt. Der Ideologe ist an allem interessiert, mit dem Menschen sich abfinden müssen. Plato also sagte, es gebe da drei Komponenten: erstens das Rationale, zweitens den

Mut oder das Element der Leidenschaft und drittens etwas, das man Emotion oder auch sinnliche Begierde nennen könnte, beispielsweise Hunger, Durst, Sexualtrieb. Aus diesen drei Elementen, dem Rationalen, der Leidenschaft und dem Sinnlichen sei die Psyche aufgebaut. Ihnen kann kein Mensch entfliehen. Wir können sie alle drei gleichgewichtig gebrauchen oder wir fallen einem von ihnen im gegebenen Augenblick zum Opfer.

Auch der Dreiklang der mittelalterlichen Kirche, Glaube, Hoffnung und Liebe, kann als Aussage über die Situation des Menschen gesehen werden. Auch diese drei waren allgegenwärtig. Sie verlangten Passivität. Gott selbst hatte sie uns eingegeben.

Ganz anders die vier Kardinaltugenden der griechischen Antike. Sie waren der Versuch, die Eigenschaften zu bestimmen, die ein Mensch in wechselnden Lebenslagen zu Hilfe rufen konnte: Gerechtigkeit, Mäßigung, Klugheit und Tapferkeit. Thomas von Aquin griff sie im Mittelalter auf und machte aus ihnen die »politischen« oder auch die nur »menschlichen Tugenden«.[9] Glaube, Hoffnung und Liebe blieben dagegen übernatürlich und daher unausweichlich. Gerechtigkeit, Mäßigung, Klugheit und Tapferkeit standen dem Menschen zur freien Verfügung, um sie zum Wohl des Ganzen zu gebrauchen. Hier sei an Adam Smith erinnert und an seine oben erwähnte Abhandlung über »ethische Gefühle«: die Grundlage der menschlichen Beziehungen war für ihn das Mitgefühl der Menschen füreinander. Dieses Mitgefühl gründete sich seinerseits auf drei Tugenden: Anständigkeit, Klugheit und Wohlwollen. Man sieht, wie stark er von Thomas beeinflusst war. Und man sieht wieder einmal, mit welcher Verachtung Adam Smith die Chicago School of Economics und alle Neo-Konservativen von sich gewiesen hätte.

Lange Zeit vor Thomas von Aquin hatte Augustinus drei andere Eigenschaften identifiziert: Gedächtnis, Vernunft und Willen. Was alle Denker der Humanität insgesamt faszinierte, war die Fähigkeit des einzelnen Menschen, seine verschiedenen Gaben in einer Art von Gleichgewicht zu gebrauchen. Erst die Ausgewogenheit seiner Handlungen machte den Menschen zum Menschen.

»Wir wissen das Gute«, schrieb Euripides, »aber wir tun es nicht.« Das wahre Kennzeichen der Bewusstheit ist also nicht einfach das Wissen, sondern der ausgewogene Gebrauch unserer Eigenschaften, so dass unser Wissen und Reden sich auch auf unser Handeln auswirkt. Im Idealfall handelt der bewusste Mensch im bestmöglichen Gleichgewicht. Der Akt des Abwägens und Ausgleichens lässt die engspurige Sicherheit der Ideologie nicht zu.

Jung war hinsichtlich der Möglichkeit dieses Ausgleichs abwechselnd optimistisch und pessimistisch. »Die Natur geht bekanntlich mit ihren Gaben nicht dermaßen verschwenderisch um, daß sie einer hohen Intelligenz auch noch die Gaben des Herzens gesellt hätte.«[10] Unter den christlichen Philosophen hat Thomas Merton den Konflikt vielleicht am besten beschrieben: »Als ein vernünftiges Tier zu leben, heißt nicht, wie ein Mensch zu denken und wie ein Tier zu leben. Wir müssen gleichzeitig wie Menschen denken und leben.«

Bei all diesen Eigenschaftslisten dachte ich mir übrigens immer, unsere Vorfahren ließen sich vom mystischen Bedeutungsgehalt der Zahl Drei wohl übermäßig gefangennehmen. Gewiss darf sich das Wunder der aufkeimenden Humanität mindestens die doppelte Zahl an Eigenschaften herausnehmen.

Wie auch immer: Solche Listen sind zwangsläufig durch ihre Vorgänger bestimmt. Und die genauere Festlegung der Einträge schwebt in zwei Gefahren (wenn nicht mehr). Die eine ist das Abgleiten in die ihrem Wesen nach platonischen oder religiösen Kennzeichen der Situation des Menschen, in diejenigen Eigenschaften also, denen wir uns zu unterwerfen haben. Die andere Gefahr ist, diejenigen Kennzeichen, die nur das Ergebnis unseres Handelns sind, fälschlicherweise als grundlegende Eigenschaften zu definieren.

Mancher wird demnach überzeugt sein, dass Mitgefühl eine gundlegende menschliche Eigenschaft ist. Auch ich würde sagen: Ja, es ist ein wesentlicher Ausdruck unserer Humanität. Gleichzeitig aber wird es von anderen grundlegenden Eigenschaften hervorgebracht, solange sie sich einigermaßen erfolgreich im Gleichgewicht befinden. Der gegen uns selbst oder andere gerichtete Hass dagegen, den ich eher Selbstverachtung oder Intoleranz nenne, ist das Ergebnis eines gestörten Gleichgewichts.

Ich denke, eine sinnvolle Liste menschlicher Eigenschaften müsste heute so aussehen: Erinnerungsvermögen, Ethik (im Unterschied zu Moral), Intuition oder Instinkt, Kreativität oder Phantasie, gesunder Menschenverstand und schließlich Vernunft. Ich habe sie in alphabetischer Reihenfolge angeordnet, weil ich nicht daran glauben kann, einem Gleichgewicht von Nutzen zu sein, wenn man sie nach Vorrang und Wichtigkeit auflistet.

Wir haben mit dem Missbrauch von Begriffen wie »gesunder Menschenverstand« oder »Intuition« (als Deckmantel etwa für Köhlerglaube oder schlichte Dummheit) leidvolle Erfahrungen gemacht. Von daher kommt hier möglicherweise der Widerspruch, solcherlei gehöre überhaupt nicht auf eine Liste grundlegender menschlicher Eigenschaften. Ja, sie können gar keine Eigenschaften darstellen, da sie nicht genau definiert werden können.

In der Tat: Alle sechs Begriffe sind nicht definierbar. »Vernunft« zum Beispiel wurde nicht nur von Professoren der Philosophie, sondern auch von außerordentlich kompetenten Philosophen mit tausend verschiedenen Bedeutungen versehen. All diese Definitionsversuche haben uns einem sinnvollen oder menschenfreundlichen Gebrauch unserer Vernunft keinen Schritt nähergebracht. Und der Begriff »vernünftig« und sein Stellvertreter »rational« wurden in diesem Jahrhundert häufig dazu benutzt, schreiendes Unrecht zu rechtfertigen, ebenso und mindestens so häufig wie gesunder Menschenverstand, Kreativität, Ethik, Intuition und Erinnerungsvermögen.

Mit anderen Worten: Diese Eigenschaften können nicht nutzbringend definiert werden, allenfalls abstrakt. Abstraktionen sind sie jedoch gerade nicht. Eine Eigenschaft lässt sich unmittelbar auf die Wirklichkeit anwenden. Man versteht sie überhaupt nur durch praktischen Gebrauch und Missbrauch. Deshalb habe ich mir im dritten Kapitel so viel Zeit genommen, die mechanische Zweiteilung der Vernunft ins Lächerliche zu ziehen: hie Vernunft als die Gottheit alles menschlichen Denkens, da instrumentelle Vernunft, sozusagen der Schatten jener Gottheit.

Selbstverständlich muss sich jeder Eigenschaftsbegriff dauernde Überprüfung und Diskussion gefallen lassen. Aber keiner lässt sich mit Hilfe einer Denksportaufgabe auf einem intellektuellen Podest festmachen. Ihre Bedeutung erhalten die Eigenschaften nicht durch die Arbeit eines Lexikographen, sondern durch ihr Verhältnis zueinander. Werden sie eine neben der anderen und auf irgendeine Weise ausgewogen gebraucht, nimmt jede ihre bedeutungsvolle Kontur an und erweist sich als praktisch sinnvoll.

Diese Eigenschaften sind die elementaren Werkzeuge der Menschheit. Man kann es auch offensiver sagen: Sie sind unsere Waffen im andauernden Kampf gegen Ideologien. In ihrem Gebrauch liegt allerdings auch die Erklärung für unsere unbewusste Selbstverachtung. Denn jede Eigenschaft wird ein Werkzeug der Ideologie, sobald sie von den übrigen getrennt und als eigener Wert verabsolutiert wird.

Die Litanei unserer unglücklichen Erfahrungen damit ist lang. Schauen wir zurück: Kirchen, die mit »Ethik« aus gottgegebener Quelle ihre weltliche Macht legitimierten; absolutistische Monarchen und ihre angemaßte Legitimität durch »Erinnerung«, das heißt durch den richtigen Stammbaum; Revolutionäre, die sich mit ihrem Abrakadabra von »Kreativität« das Recht herausnahmen, einen für die Mehrheit der Menschen durchaus akzeptablen Zustand umzustürzen; sodann der »Instinkt«, dieser Türöffner für die angebliche Überlegenheit einer Rasse; der »gesunde Menschenverstand«, der immer wieder zur Rechtfertigung für krasse Selbstsucht und Gesetzlosigkeit herhalten musste; schließlich die »Vernunft«, die in ihrer allerneuesten Missbildung den Korporatismus selbst und seine Entmenschlichung des individuellen Bürgers begründen soll.

Ein Jahrhundert lang befanden sie sich im Krieg miteinander: der französische Doppelmythos abstrakter Rationalität und romantischer Erinnerung auf der einen Seite des Rheins und die deutschen Mythen Instinkt und Erinnerung auf der anderen. Als am Ende des Zweiten Weltkriegs genügend Blut vergossen war, hielten die Gegner einen Augenblick inne, traten einen Schritt zurück und erkannten, in einer Anwandlung plötzlicher Bewusstheit, dass ihre jeweiligen Mythen nicht zwangsläufig einander ausschließen mussten. Ich denke, man kann das nun 40jährige deutsch-französische Bündnis als einen bemerkenswert gelungenen Gebrauch menschlicher Eigenschaften sehen. Noch immer gibt es hier Erinnerung und daneben Rationalität und Instinkt. Aber alle drei Eigenschaften sind jetzt miteinander im Gleichgewicht. Hinzugefügt hat man einen starken Anteil an gesundem Menschenverstand, dazu ein wenig Ethik (auch wenn man sagen könnte: noch nicht genug davon). Nur das Fehlen einer kreativen Phantasie hält diese sonst außergewöhnlich eng verbundenen Partner künstlich getrennt. Aber eine Vielzahl der genannten Qualitäten hat die Partnerschaft immerhin zu einem unbestreitbaren Erfolg gemacht.

Manche halten mir entgegen, jede dieser guten Eigenschaften könne doch gar nicht stark genug ausgeprägt sein. Ethik beispielsweise: Woher der Zwang, sie durch andere Einflüsse in Schranken zu halten? Die einfache Antwort darauf geben die unzähligen Toten, die das Opfer einer von ihrer Ethik felsenfest überzeugten Gruppe wurden, etwa der Roten Brigaden. Dann gibt es andere, die sich leidenschaftlich der Vernunft verschworen haben. Sie lassen jedoch die Geschichte der Vernunft außer Acht. Ich möchte hier ein letztes Mal Émile Durkheim sprechen lassen, die wichtigste Stimme aus dem menschenfeindlichen, anti-demokratischen Chor: »Die zweite Aufgabe der Korporation besteht darin, dem gesunden Menschenverstand seine Legitimation zu entziehen.«[11] Und zu wessen Gunsten? Zugunsten der Vernunft, der angehimmelten Göttin des Korporatismus.

Und hier John Stuart Mill:

»Die Vorstellung, daß äußere Wahrheiten dem Geist zugehen könnten aus innerer Anschauung oder aus dem Bewußtsein, ... ist meiner Überzeugung nach in unseren Tagen die intellektuelle Hauptstütze falscher Doktrinen und schlechter Institutionen. ... Nie ist ein gefügigeres Werkzeug ersonnen worden, um alle tiefsitzenden Vorurteile zu heiligen.«[12]

Stimmt. Aber werfen wir dazu noch einen Blick auf die internationalen Finanzmärkte. Sie sind die Erfindung einer äußerst verantwortungslosen, inhaltsleeren Kreativität. Und sie funktionieren nach höchst verschlungenen rationalen Geschicklichkeitsregeln. Gegen diese gefährlich chaotische Unordnung hätte man schon längst einmal die Ethik oder auch nur die Erinnerung an vergangene Spekulationsblüten vorbringen müssen.

Erfreulicherweise entsteht zur Zeit, Schritt für Schritt, eine intuitive Gegenreaktion der Allgemeinheit. Man hat ihr zwar kaum erlaubt, das hektische Finanz-Tohuwabohu zu durchschauen, aber sie hat ein gutes Empfinden dafür, dass wir auf dem abschüssigen Weg der Selbsttäuschung bedrohlich ins Rutschen gekommen sind. Man spürt allmählich, dass dieser globale, vielfältig verschachtelte, alle Grenzen überschreitende abstrakte Markt nicht endlos so weiterwuchern kann; dass es in einer normalen Welt immer nur ein bestimmtes Maß an Spekulation geben kann. Der Wahnsinn der Spekulation wird kein gutes Ende nehmen. Es ist, als ob ein Sportler plötzlich auf die Idee verfällt, die ganze Nacht vor dem Wettkampf hindurch zu essen, zu trinken und zu tanzen. Höchstleistungen wird er damit nicht erzielen.

Das Erinnerungsvermögen ist vielleicht sogar die wichtigste Eigenschaft, die uns vom Markt und von leblosen Maschinen unterscheidet. Markt und Technik haben kein Gedächtnis. Wir Menschen aber, jedenfalls wenn wir unser Bewusstsein gebrauchen, wissen, was wir gestern getan haben und welche Folgen das hatte. Der französische Romancier Le Clézio sagte: »Kunst ist das An-die-Oberfläche-bringen der Erinnerung an Vergangenes. Aber der Schriftsteller hängt nicht an der Vergangenheit, er betet sie nicht an. Er ist mit der Geschichte verbunden, mit dem Gedächtnis, und dieses mit dem gemeinsamen Traum.« Der gemeinsame Traum ist ein Teil des Gemeinwohls. Er ist die Geschichte der Uneigennützigkeit, die als Warnung und Wegweiser dient.

Die hohen rationalen Fähigkeiten der Finanzmakler verhelfen ihnen deutlich nicht zu einem ausgewogenen Gleichgewicht ihrer Eigenschaften. Schon im frühen 18. Jahrhundert beklagte Giambattista Vico die Tatsache, dass die Vernunft »eine Philosophie des Urteils«[13] sei. Er hatte die Notwendigkeit erkannt, Erinnerung, gesunden Menschenverstand und Ethik stärker zu gebrauchen. Es ist deutlich jene urteils- und verurteilungsfreudige Selbstsicherheit der Vernunft, die eine Wirtschaft der bloßen Spekulation wachsen und gedeihen lässt. Aber die Beurteilungsfähigkeit derselben Vernunft, im richtigen Zusammenspiel mit anderen menschlichen Eigenschaften, erlaubt uns das genauere Verständnis unserer Erinnerung und unserer Instinkte.

Ich habe in diesen fünf Kapiteln eine Zivilisation beschrieben: unsere Zivilisation, in der Umklammerung einer Ideologie: des Korporatismus. Einer Ideologie, die die Legitimität des Individuums als Bürger einer Demokratie untergräbt und leugnet. Das typische Ungleichgewicht dieser Ideologie führt zu einer Anbetung des Eigeninteresses und zu einer Absage an das Gemeinwohl. Der Korporatismus beansprucht die Rationalität als seine ureigene Qualität. Die tatsächlichen Folgen für den Einzelnen sind apathische Untätigkeit und Konformismus dort, wo es darauf ankäme, und Nonkonformismus in Nebensächlichkeiten.

Ich sprach eingangs von der Notwendigkeit, dem Alptraum der Utopie zu entfliehen, unserem eigenen utopischen Alptraum. Von innen betrachtet, scheint das unmöglich. Thomas Jefferson war einer der größten Politiker der Neuzeit und ein Mensch mit vielen Fehlern, wie wir alle. Er sagte, es hänge viel davon ab, wie wir uns der Wirklichkeit nähern. Wenn dieses Herangehen gleichgewichtig und ausgewogen sei, dann »löst sich der Knoten, den wir für einen Gordischen Knoten hielten, vor unseren Augen von selbst«.[14] Gerade das Neben- und Miteinander unserer Eigenschaften bringt aus sich selbst Kräfte hervor, die sich einer begrifflich-analytischen Bestimmung entziehen, aber die Situation klären und dem notwendigen Handeln erkennbare Wege öffnen. Jung und Freud würden es wahrscheinlich die Kraft des Bewusstseins nennen. Für mich ist es die Kraft des Gleichgewichts.

Vor kurzem sah ich die praktische Verwirklichung solcher Ausgewogenheit. Es war an der Südspitze Koreas, in der Nähe der alten Königshauptstadt Kyongju. Yi On-chock, ein großer Lehrer des Konfuzianismus, zog sich hier im Jahr 1516 zum Ruhestand nach dem Staatsdienst in ein tiefes Gebirgstal zurück, in ein selbstgebautes Haus am Fluss. Die fünf konfuzianischen Eigenschaften, die seine Regierungstätigkeit bestimmt hatten, waren Wen, Ren, Chunzi, Li und De. In unserer Sprache heißen diese fünf Künste: Friedensliebe, Güte, Vornehmheit (das Gegenteil von engherzig und kleinlich), Eleganz des angemessenen Auftretens und rechter Gebrauch der Macht. Man sieht, sie sind unserem Ensemble menschlicher Eigenschaften überraschend ähnlich.

Das Haus selbst ist ein lebendiger Ausdruck der fünf Künste. Als es plötzlich in mein Blickfeld trat, blieb ich stehen, ohne sagen zu können, warum eigentlich. Im ersten Moment sah ich das Haus nicht einmal, jedenfalls nicht bewusst. Das lag nicht so sehr daran, dass es so genügsam war und sich bescheiden in die Landschaft schmiegte.

An keiner Stelle schob sich die Person des Erbauers in den Vordergrund. Nirgends auch nur eine Andeutung von Architektenstolz, sondern das Gegenteil: Bewohner und Wohnort waren eine Einheit. Aber je länger ich zusah, umso deutlicher entdeckte ich etwas, das sich als Harmonie zu erkennen gab. Dazu Grazie und Eleganz, das auch, aber vor allem Harmonie in sich selbst und im Einklang mit der Natur. Das Baumaterial und die Linien der Dächer und freistehenden Mauern gingen wohlgegliedert über in die Umgebung aus Fluss und Berg. Die Mauern setzten sich schichtweise aus Felsbrocken, Flachziegeln und ungebranntem Lehm zusammen und vereinten so das Gebirge sowohl mit dem sinnreichen Geschick des Menschen wie mit der zugrunde liegenden Erde. Sogar die kleinen Pavillons im Innern hatten eine geheime Aussage, die ich nicht sogleich verstand. Erst als ich zwischen ihnen hindurchging, war es, als verströmten sie, einer nach dem anderen, eine stille Menschlichkeit wie ein leises, vollkommenes Gedicht.

Natürlich verlange ich nicht, dass wir in einer Hochform von Harmonie leben sollen, wie jener chinesische Lehrer sie erreicht hat. Oder auch nur, dass eine funktionierende Demokratie solche Harmonie braucht. Was sie aber braucht, ist die fortdauernde Annäherung an ein Gleichgewicht.

In diesem Bau fand ich die sichtbare Gestalt eines ausgewogenen Individualismus. Der unsere ist wilder und ungebärdiger. Das harmonische Gleichgewicht hängt davon ab, dass der individuelle Bürger das Gemeinwohl zu seiner Sache macht. Darin liegt der eigentliche Sinn von Verpflichtung. Die Inhaber der Macht können nicht länger mit der einen Hand Pflichten einfordern und mit der andern das Gemeinwohl und die wahre Legitimität des Bürgers verleugnen.

Eine der großen Figuren des öffentlichen Lebens war der kanadische Politiker Wilfrid Laurier, der um die Jahrhundertwende den Prozess der Entkolonialisierung in Gang setzte. Nach dem zweiten Mischlingsaufstand und der Hinrichtung des Anführers Louis Riel durch den Strang (1885), machte Laurier kein Hehl aus seiner Meinung:

»Hassenswert ... ist nicht die Rebellion, sondern die Tyrannei, die die Rebellion herbeiführt; hassenswert sind nicht die Rebellen, sondern die Männer, die im Genuss der Macht die Pflichten der Macht nicht erfüllen; die die Macht haben, Missstände abzuschaffen, aber sich weigern, die zu ihnen gesandten Bittsteller anzuhören; die, wenn man sie um Brot bittet, nur einen Stein geben.«[15]

Die Feststellung trifft mit großer Genauigkeit auch auf die Anführer des Korporatismus zu. Wenn sie aufgerufen sind, etwas für die gut 50 Millionen arbeitslosen Opfer der Maschinisierung und gegen das weitere Absinken unseres Lebensstandards zu unternehmen, beschwören sie lediglich die fortschreitende Technologie, die Unausweichlichkeit der Globalisierung und die unsichtbare Hand des Marktes.

Gleichgewicht, wie wir es im Westen kennen, verlangt

nicht nur Kritik, sondern auch Nonkonformismus in der Arena der Öffentlichkeit. Der Weg heraus aus den ideologischen Selbsttäuschungen und hin zur Wirklichkeit lässt sich nur dann beschreiten, wenn solcher Anti-Konformismus unsere Qualitäten und Stärken zur vollen Entfaltung bringt und damit eine gespannte Ungewissheit aufrechterhält. Die Selbsterforschung des Menschenlebens erhöht die Ungewissheit zur Tugend. Sie singt das Lob des Zweifels.

Gesunder Menschenverstand, Phantasie, Ethik, Intuition, Erinnerung und Vernunft. Für sich genommen können sie alle zur Rechtfertigung der Ideologie missbraucht werden. Eingesperrt in das Gefängnis inhaltsloser Abstraktionen. Oder wir gebrauchen sie alle zusammen im Gleichgewicht und als Prüfstein des politischen Handelns. Die Tugend der Ungewissheit ist keine bequeme Sache; aber eine bürgerorientierte Demokratie der aktiven Teilnahme bedeutet ja genau dies: fortdauernde Unbequemlichkeit. Das korporatistische System verlässt sich auf das innere Behaglichkeitsbedürfnis des Bürgers. Gleichgewicht jedoch erfordert unsere Anerkennung der Wirklichkeit, und das heißt die Hinnahme eines Dauerzustands geistiger Ungemütlichkeit. Und die Hinnahme geistiger Ungemütlichkeit ist die Aneignung von Bewußtheit.

★

Anmerkungen

— I —
Der Große Sprung rückwärts

1 John of Salisbury (1909), I, S. 19

2 Manzoni (1985), S. 7

3 Smith, A. (1983), S. 272

4 Smith, A. (1983), S. 273

5 Smith, A. (1983), S. 272

6 Keegan (1994), S. 56

7 Edward Luttwak, Interview in *Le Monde*, 5. Juni 1995, S. 11

8 Smith (1993), S. 178

9 »Heir to Italy's Revolution. The Irresistible Rise of Guanfranco Fini«. in: *The European Magazine*, 24.-30. August 1995

10 *The Financial Times* (London), 22. Mai 1995, S. 6

11 Emile Ajar (Romain Gary), *Pseudo*, Mercure de France

12 Zitiert nach Grant (1990), S. 15, einem Bewunderer von Oakeshott.

13 Zitiert nach Grant (1990), S. 62

14 *Der Spiegel* 6/1993

15 *Harper's*, März 1995, S. 43-53

16 Persönliche Mitteilung M. T. Kelly (Juni 1995)

17 Williamson (1989): 26

18 Cicero, *De legibus*, III, 3, 8.

19 Morris (1987). Nicht nur diesen Ausdruck, auch viele andere Beurteilungen dieses Buches zur Wiedergeburt des Individuums habe ich die-

sem beeindruckenden Buch entnommen. In diesem Zusammenhang empfehle ich auch die Lektüre von Ullmann (1964), obwohl ich mit seiner Interpretation des frühen Individualismus nicht völlig übereinstimme.

— II —

Von der Propaganda zur Sprache

1 Hillman/Ventura (1992), S. 200

2 Craig (1983), S. 249

3 Jean Lacouture in einer Vorlesung am Massey College, Toronto, am 22. November 1994

4 zitiert nach Craig (1983), S. 356

5 zitiert nach Craig (1983), S. 246

6 *The International Herald Tribune* (3./4. Juni 1995), S. 5

7 Flaubert (1991), S. 110

8 Sciascia (1967), S. 147f.

9 Jung (1974), S. 299

10 Jung (1974), S. 297

11 Klima (1994), S. 80

12 Hillman/Ventura (1992): Buchtitel der deutschen Ausgabe

13 Jung (1974), S. 277

14 Jung (1974), S. 327

15 Hillman/Ventura (1992), S. 103

16 Ilias I, 178; VI, 487f.; XVI, 36f.; XVII, 176f. (Übers. Johann Heinrich Voss)

17 Jung (1971), S. 255

18 George Steiner in den F. E. Priestley Lectures, University College, University of Toronto, 1995

19 Vlastos (1992). Alle von mir angeführten Vergleiche sind diesem bemerkenswerten Buch entnommen. Die weiter unten gebrachte Zusammenfassung findet sich im Kapitel 2, »The breakdown of *The Republic*«, Anmerkung 2.1.

20 Vlastos (1992), S. 53

21 Ullman (1964), S. 102.

22 Government of Canada (1995)
23 Rafalski (1988), S. 10
24 Die sprachlichen Beispiele sind Craig (1983), Kapitel 14 entnommen.
25 Smith, D. M. (1983): S. 145, 228, 46
26 Owen (1991), S. 84
27 Smith, A. (1983), S. 18
28 zitiert nach Craig (1983), S. 120
29 Swift (1987), S. 234
30 Platon (1957), S. 27f.

— III —

Vom Korporatismus zur Demokratie

1 Hume (1951), S. 81
2 Phillipson (1989), S. 15
3 Phillipson (1989), S. 15
4 Smith, A. (1983), S. 58
5 Smith, A. (1983), S. 84
6 Morris (1987), S. 73
7 Ullmann (1964), S. 34
8 Ullmann (1964), S. 56f.
9 Ullmann (1964), S. 133
10 Rievaulx (1969), S. 144
11 zitiert nach Ullmann (1964), S. 137
12 zitiert nach Kaufman-Osborn (1986)
13 Grant (1990), S. 73
14 Drucker (1993), S. 61
15 Claude Zilberzahn, in: Le Monde, 9. Juni 1993
16 zitiert nach Kaufman-Osborn (1986)
17 Rafalski (1988)
18 Schmitter (1974), S. 85
19 Abelshauser (1984), S. 293
20 Smith, D. M. (1983), S. 95
21 Jung (1974), S. 306
22 Flaubert (1991), S. 145

23 *Times Literary Supplement*, 16. Februar 1995, S. 25

24 *The Globe and Mail*, 10. Januar 1993, S. A 12

25 Hill (1970), S. 104

26 Courville (1994), S. 33, 38

27 McNamara (1995), S. 6

28 Shapley (1993), S. 408

29 Shapley (1993), S. 513

30 Owen (1991), S. 55

31 Craig (1983), S. 260

32 Shapley (1993), S. 143

33 *The Globe and Mail*, 15. August 1995, S. A 9

34 Drucker (1993), S. 49

35 Platon (1957), S. 28

36 Slocum (1993)

37 *Harper's*, März 1995, S. 49

38 *The European*, 10.-16. August, S. 11

39 *Tribute Magazine*, Sommer 1995,

40 Smith D. M. (1983), S. 29

41 Grant (1969), S. 46

42 Toffler (1995), S. 92, 94 und 101

43 William Pitt im Unterhaus am 18. November 1783

—— IV ——

Von Managern und Spekulanten zum Wachstum

1 Owen (1991), S. 69f.

2 »What's Right with America?« in: *McCall's Magazine*, November 1929, S. 18

3 Bank for International Settlements, 60th Annual Report, Basel, 11. Juni 1990

4 Courville (1994), S. 31

5 Smith (1993), S. 152, 437

6 Hill (1970), S. 234

7 Millman (1995), S. 107

8 Kouri (1987), S. 233f., 311

9 »U.S. Economic Theorist Tells Central Europe How It's Done.« In: *The Prague Post*, 31. Mai 1995, S. 7

10 *Le Monde*, 16. Mai 1995, S. 4

11 Heilbroner (1992), S. 101

12 zitiert nach: *The Toronto Star*, 24. August 1995, S. A 10f.

13 Owen (1991), S. XXVI

14 Owen (1991), S. 6

15 Smith, A. (1983), S. 85

16 Ilias XVI, 440ff. (Übs. Johann Heinrich Voss)

17 Hume (1985), S. 266

18 Bank for International Settlements, 63rd Annual Report, Basel, 14. Juni 1993, S. 218

19 Smith, A. (1983), S. 64, 58, 71

20 Ignatieff (1995), S. 130

21 Millman (1995), S. XI

22 Hume (1985), S. 281

23 Smith (1993), S. 392

— V —

Von der Ideologie zum Gleichgewicht

1 Craig (1983), S. 33

2 *The International Herald Tribune*, 9. März 1994, S. 3

3 Shakespeare, Julius Caesar, I, 2, Übs. Schlegel/Tieck (Anm. d. Übers.)

4 Camus (1995), S. 78

5 Ullmann (1964), S. 37

6 Kaufmann-Osborn (1986), S. 652

7 Diese Angaben sind einem Beitrag von Dudley Herschbach (Nobelpreis für Chemie) für die American Academy of Arts and Sciences vom 12. Januar 1994 entnommen.

8 Plato (1975), S. 7

9 Ullmann (1964), S. 124ff.

10 Jung (1974), S. 362

11 Kaufman-Osborn (1986), S. 649

12 Mill (1874), S. 188
13 Vico (1981), S. 80
14 Carr (1944), S. 373
15 Skelton (1921), S. 321 (Rede im Unterhaus am 16. März 1886)

Literatur

Abelshauser, Werner (1984), »The First Post-Liberal Nation. Stages in the Development of Modern Corporatism in Germany«, in: *European History Quarterly*, 4 (3)

Camus, Albert (1995), *Der erste Mensch*, Berlin

Carr, Peter (1944), *The Life and Selected Writings of Thomas Jefferson*, New York

Courville, Léon (1994), *Piloter dans la Tempête*, Montréal

Craig, Gordon A. (1983), *Über die Deutschen*, München

Drucker, Peter F. (1993), »Really Reinventing Government«, in: *The Atlantic Monthly*, Februar 1983

Flaubert, Gustave (1991), *Dictionnaire des Idées Reçues et Maximes et Pensées*, Paris

Grant, George (1969), *Technology and Empire. Perspectives on North America*, Toronto

Grant, Robert (1990), *Thinkers of Our Time*, London

Government of Canada (Hg.) (1995), *Canada in the World – Government Statement*, Ottawa

Heilbroner, Robert (1992), *Kapitalismus im 21. Jahrhundert*, München und Wien

Hill, Christopher (1970), *God's Englishmen*, London

Hillman, James/Ventura, Michael (1992), *We've Had a Hundred Years of Psychotherapie – and the World's Getting Worse*, San Francisco

Hume, David (1951), *Theory of Politics*, Scarborough

Hume, David (1985), *Essays: Moral Political and Literary*, Toronto

Ignatieff, Michael (1995), »On Civil Society«, in: *Foreign Affairs*, März/April 1995

Jung, C. G. (1971), *Die Beziehungen zwischen dem Ich und dem Unbewußten*, Olten

Jung, C. G. (1974), *Gegenwart und Zukunft*, Olten

Kaufman-Osborn, Timothy (1986), »Émile Durkheim and the Science of Corporatism«, in: *Political Theory*, Band 14, Nr. 4, November 1986

Keegan, John (1995), *Die Kultur des Krieges*, Berlin

Klima, Ivan (1994), *The Spirit of Prague*, London

Kouri, E. J. (Hg.; 1987), *Politics and Society in Reformation Europe. Essays for Geoffrey Elton on his 65th Birthday*, Basingstoke

Manzoni, Alessandro (1985), *Die Verlobten*, München

McNamara, Robert (1995), *In Retrospect: The Tragedy and Lessons of Vietnam*, New York

Mill, John Stuart (1874), *Selbstbiographie*, Stuttgart

Millman, Gregory J. (1995), *The Vandal's Crown*, New York

Morris, Colin (1987), *The Discovery of the Individual. 1050-1200*, Toronto

Owen, Robert (1991), *A New View of Society and Other Writings*, London

Phillipson, Nicholas (1989), *Hume*, London

Plato (1975), *The last Days of Sokrates*, London

Platon (1957), *Sämtliche Werke* 1, Hamburg

Rafalski, Traute (1988), »Social Planning and Corporatism. Modernization Tendencies in Italien Fascism«, in: *International Journal of Political Science*, 18 (1), S. 10. Dort zitiert nach Paolo Ungari, Alfredo Rocco e l'idelogia giuridica des fascismo, Brescia 1963.

Rievaulx, Aelred of (1969), *The Monastic Theology of Aelred of Rievaulx. An Experimental Theology*, Spencer, Mass.

Schmitter, Philippe C. (1974), »Still the Century of Corporatism?« in: *Review of Politics*, 36 (1)

Sciascia, Leonardo (1967), *Der Abbé als Fälscher*, Olten

Shapley, Deborah (1993), *Promise and Power. The Life and Times of Robert S. McNamara*, Boston

Skelton, Oscar Douglas (1921), *Life and Letters of Sir Wilfrid Laurier*, Toronto

Slocum, Captain Joshua (1993), *Sailing Alone Around the World*, New York (Reprint der Originalausgabe von 1899)

Smith, Adam (1983), *Der Wohlstand der Nationen. Eine Untersuchung seiner Natur und seiner Ursachen,* München

Smith, Adam (1993*), An Inquiry into the Nature and the Wealth of Nations*, Indianapolis

Smith, Denis Mack (1983), *Mussolini,* London

Storr, Anthony (1983), *The Essential Jung,* Princeton

Swift, Jonathan (1987), *Gullivers Reisen,* Stuttgart

Toffler, Alvin/Toffler, Heidi (1995), *Creating an New Civilization. The Policies of the Third World.* (Mit einem Vorwort von Newt Gingrich), Atlanta

Ullmann, Walter (1964), *The Individual and Society in the Middle Ages,* Baltimore

Vico, Giambattista (1981), *Vie de Giambattista Vico écrite par lui-même,* Paris

Vlastos, Gregory (1992), *Sokrates. Ironist and Moral Philosopher,* Cambridge

Williamson, Peter J. (1989), *Corporatism in Perspective. An Introductory Guide to Corporatist Theory,* New York

Das Grundlagenwerk zur Neubestimmung von Verantwortung und Autonomie

Amitai Etzioni
Die Verantwortungsgesellschaft
Individualismus und Moral in der heutigen Demokratie
1997. Ca. 380 Seiten, gebunden
ISBN 3-593-35820-4

Im Sog der Globalisierung gerät der Wohlfahrtsstaat in eine Abwärtsspirale, die den sozialen Zusammenhalt unserer Gesellschaft gefährdet. Angesichts dieses düsteren Szenarios, dem Staat und Markt hilflos gegenüberstehen, legt Amitai Etzioni das Fundament für eine »Verantwortungsgesellschaft«, die vom einzelnen nicht nur mehr Verantwortung für sich selbst, sondern auch für die Allgemeinheit verlangt. Etzioni zeigt an aktuellen Beispielen neue Wege auf – für Entscheidungsträger in Politik, Wirtschaft, Kirchen und Verbänden, aber auch für all jene, die um die Zukunft unserer Gesellschaft besorgt sind.

Campus Verlag · Frankfurt/New York